iWorks' 09

D1664224

Sylvie Lesas

Micro
Application

Copyright	© 2009	Micro Application 20-22, rue des Petits-Hôtels 75010 Paris
Édition	1ère Édition - Novembre 2009	
Auteur(s)	Sylvie Lesas	

Avertissement aux utilisateurs Les informations contenues dans cet ouvrage sont données à titre indicatif et n'ont aucun caractère exhaustif voire certain. A titre d'exemple non limitatif, cet ouvrage peut vous proposer une ou plusieurs adresses de sites Web qui ne seront plus d'actualité ou dont le contenu aura changé au moment où vous en prendrez connaissance.
Aussi ces informations ne sauraient engager la responsabilité de l'Editeur. La société MICRO APPLICATION ne pourra être tenue responsable de toute omission, erreur ou lacune qui aurait pu se glisser dans ce produit ainsi que des conséquences, quelles qu'elles soient, qui résulteraient des informations et indications fournies ainsi que de leur utilisation.
Tous les produits cités dans cet ouvrage sont protégés, et les marques déposées par leurs utilitaires de droits respectifs. Cet ouvrage n'est ni édité, ni produit pas le(s) propriétaire(s) de(s) programme(s) sur le(s)quel(s) il porte et les marques ne sont utilisées qu'à seule fin de désignation des produits en tant que noms de ces derniers.

ISBN : 978-2-300-026454

MICRO APPLICATION
20,22 rue des Petits-Hôtels
75010 PARIS
Tél : 01 53 34 20 20
Fax : 01 53 34 20 00
http://www.microapp.com

SUPPORT TECHNIQUE :
Également disponible sur
www.microapp.com

Retrouvez des informations sur cet ouvrage !
Rendez-vous sur le site Internet de Micro Application www.microapp.com. Dans le module de recherche, sur la page d'accueil du site, entrez la référence à 4 chiffres indiquée sur le présent livre. Vous accédez directement à sa fiche produit.

1

Créer un premier document avec Pages

Dans ce chapitre, vous aborderez les fonctions élémentaires de Pages par le biais de la rédaction d'une lettre et de la réalisation d'une carte d'anniversaire à l'aide d'un modèle. Vous étudierez les bases, comme l'ouverture du logiciel, son interface ou la saisie d'un texte. Vous apprendrez également à importer des images et à utiliser des modèles.

OUVRIR PAGES

Avant de vous lancer dans la rédaction de votre courrier ou la réalisation d'une carte d'anniversaire, vous devez ouvrir Pages. Au départ, comme tous vos programmes, il est installé par défaut dans le dossier *Applications* de votre Mac. Pour le lancer, c'est-à-dire le mettre en route, voici une des méthodes :

1/ Ouvrez le dossier *Macintosh HD* situé sur votre Bureau par un double clic.

2/ Dans la barre latérale à gauche, cliquez sur le dossier *Applications* afin d'ouvrir son contenu.

3/ Double-cliquez sur le dossier *iWork'09* puis sur l'icône de Pages.

Ouvrir Pages

Mac Malin

Ouvrir le dossier Applications

Pour accéder directement au dossier *Applications*, utilisez le Finder du Mac :

1/ Cliquez sur le menu **Aller**.

2/ Dans la liste qui s'affiche, choisissez la commande **Applications**.

3/ Dans le dossier *Applications*, double-cliquez sur le dossier *iWork'09*.

4/ Double-cliquez sur l'icône de Pages. Quelques instants après, la fenêtre **Liste de modèles** s'affiche.

Mac Malin

Ouvrir Pages

Pour mettre en route Pages, vous pouvez utiliser Spotlight, qui permet de retrouver un élément sur le disque dur :

1/ Cliquez sur la loupe située dans l'angle supérieur droit de votre écran.

2/ Saisissez dans le cadre blanc `Pages` puis appuyez sur la touche `Entrée` pour lancer la recherche.

3/ Une liste de résultats s'affiche. Ces derniers sont divisés en catégories. Dans *Populaire*, double-cliquez sur Pages pour le lancer.

Si vous utilisez régulièrement Pages, cette méthode d'ouverture de programme depuis *Applications* peut vous sembler fastidieuse. D'autres moyens permettent d'ouvrir plus rapidement Pages. Vous pouvez par exemple placer son icône sur le Bureau.

PLACER L'ICÔNE DE PAGES SUR LE BUREAU

Si vous utilisez régulièrement Pages, il vous sera utile de placer son icône sur le Bureau. L'opération consiste à créer un raccourci communément appelé par Snow Leopard, *Alias*. Vous évitez ainsi de rechercher le dossier de l'application dans votre ordinateur et de procéder ensuite à son lancement. Par le biais d'un raccourci, vous lancerez Pages en quelques secondes.

1/ Ouvrez le dossier contenant Pages.

2/ Cliquez du bouton gauche sur l'icône de Pages.

3/ Cliquez du bouton droit. Un menu s'affiche. Amenez le pointeur de la souris représenté par une flèche sur la commande **Créer un alias** qui s'affiche en bleu pour indiquer votre choix.

Créer un raccourci clavier

Ouvrir
Afficher le contenu du paquet
Placer dans la Corbeille
Lire les informations
Compresser « Pages »
Dupliquer
Créer un alias
Coup d'œil sur « Pages »
Copier « Pages »
Aligner la sélection
Étiquette :
× ▪ ▪ ▪ ▪ ▪ ▪ ▪
Plus ▶

4/ Cliquez du bouton gauche. Une icône nommée par défaut *Pages alias* s'affiche en bleu. Cliquez dessus puis saisissez un autre nom.

5/ Appuyez sur la touche [Entrée] pour valider votre saisie. Vous pouvez également cliquer en dehors du cadre bleuté.

Pour ouvrir rapidement Pages, vous pouvez placer son icône dans le Dock situé en permanence en bas de l'écran.

PLACER L'ICÔNE DE PAGES DANS LE DOCK

Le Dock est une barre de lancement des applications représentées sous la forme d'icônes. Certaines d'entre elles y figurent par défaut. Vous pouvez en placer d'autres, par exemple celles dont vous vous servez le plus souvent.

Cette opération peut se réaliser depuis deux endroits différents :

➔ le Bureau ;

➔ le dossier *iWorks'09* du disque dur.

> **Mac Word**
>
> **Le Dock**
> Le Dock apparaît la première fois dans Mac OS X AQUA, offrant une interface entièrement repensée, avec un design mettant l'accent sur la transparence et les couleurs en relief.

Voyons comment procéder depuis le Bureau. Cette manipulation suppose que vous y ayez placé au préalable l'icône de Pages.

Pages dans le Dock

1/ Cliquez sur son icône pour la sélectionner.

2/ Tout en maintenant enfoncé le bouton de la souris, déplacez l'icône vers le Dock.

3/ Relâchez le bouton de la souris. L'icône s'affiche dans le Dock.

Si vous vous trouvez dans le dossier *iWork'09*, répétez les étapes précédentes 1 à 3.

Cliquez à présent sur l'icône de Pages dans le Dock. Lorsque vous fermerez l'application, elle restera au même emplacement.

> **Mac Malin**
>
> **Supprimer une icône du Dock**
> 1/ Cliquez du bouton droit sur le Dock. Un menu s'affiche.
> 2/ Sélectionnez la commande **Supprimer du Dock**.
> Une autre méthode consiste simplement à faire glisser l'icône en dehors du Dock. Cela a pour effet de la supprimer.
> 1/ Cliquez sur l'icône.
> 2/ Tout en maintenant enfoncé le bouton de la souris, déplacez le pointeur en dehors du Dock sur un emplacement vide.
> 3/ Relâchez le bouton de la souris. Votre icône disparaît du Dock.

Une fois démarré, Pages s'ouvre sur la fenêtre **Liste de modèles**, qui propose une liste de modèles prédéfinis de pages. Vous commencerez par rédiger une lettre à partir d'une feuille blanche.

CRÉER UNE PAGE

Une page représente votre feuille de papier. Avant de saisir votre texte, vous devez la choisir dans Pages.

Pour créer une page, procédez comme suit :

1/ Dans la barre latérale à gauche de la fenêtre **Liste de modèles**, sélectionnez *Vierge* dans la catégorie *Traitement de texte*.

2/ Dans le volet de droite, vous avez le choix entre deux types de modèles représentés sous la forme de vignettes :

Le modèle Vierge

➡ *Vierge* : c'est un modèle de document au format A4 (21 × 29,7 cm) en mode Portrait, c'est-à-dire orienté dans le sens de la longueur.

➡ *Vierge – Paysage* : il s'agit d'une feuille A4 représentée dans le sens de la largeur. Les deux modèles sont identiques sauf au niveau de l'orientation.

3/ Cliquez sur *Vierge*.

4/ Cliquez sur le bouton **Choisir**.

Mac Malin

Ouvrir un modèle
Pour ouvrir un modèle, double-cliquez dessus.

Mac Word

Sorti du premier Macintosh
Le 24 janvier 2009, Apple fête les 25 ans de la première commercialisation du Macintosh.

Mac Malin

Créer un document
Vous pouvez également créer un document quand Pages est ouvert. Pour cela, cliquez sur le menu **Fichier** afin de dérouler son contenu. Sélectionnez la commande **Nouveau**.

Une page blanche s'affiche, nommée par défaut *Sans titre*. Avant d'aller plus loin, examinons l'interface.

PRÉSENTATION DE L'INTERFACE

L'interface se compose de plusieurs éléments : une barre de menus, une barre de titre, une barre d'outils, une barre de formats, la règle, une barre d'état et l'Inspecteur de documents.

L'interface de Pages

Les menus sont situés en haut de l'interface. Ils contiennent une liste de commandes vous permettant de réaliser diverses actions, comme enregistrer la page active.

La barre de titre se trouve en dessous de ces menus. Son libellé par défaut est *Sans titre*. Cela signifie que pour le moment le document n'est pas enregistré.

Passons à la barre d'outils. Elle est composée d'icônes avec, en dessous, leur descriptif. Chacune d'entre elles permet un accès rapide aux commandes situées dans les menus. Si vous placez le pointeur de la souris sur une icône, une info-bulle s'affiche vous indiquant à quoi elle sert. Par exemple, allez sur l'icône Graphique, le texte **Choisir un graphique à ajouter à ce document** s'affiche.

Pour mettre en forme votre texte, vous utiliserez la barre de formats, située en dessous de la barre d'outils. Elle contient des options pour mettre en forme votre texte. Celles-ci diffèrent selon l'élément que vous avez sélectionné au préalable.

Dans la partie supérieure de la feuille blanche, vous avez la règle. Elle permet de positionner avec précision les éléments qui composent votre document.

Outre la barre de formats, vous utiliserez souvent l'Inspecteur de documents. Il est situé à droite de la feuille vierge. Vous pouvez le placer à n'importe quel endroit de l'interface. Pour cela, il vous suffit de cliquer sur son libellé. Tout en maintenant le bouton de la souris enfoncé, faites-le glisser vers un autre emplacement. Cet Inspecteur de documents est composé de divers sous-panneaux donnant accès à différentes commandes ou options pour améliorer l'aspect de votre document.

En dessous de la feuille, vous avez la barre d'état. Elle offre un accès rapide aux commandes de l'Inspecteur de documents ainsi qu'aux commandes de zoom. Elle indique également des informations sur le document à l'écran, comme son nombre de mots. Si vous cliquez dessus, l'Inspecteur de documents s'affiche immédiatement. Si votre document se compose de plusieurs pages, vous avez également la possibilité de naviguer de l'une à l'autre. Pour cela, il vous suffit de cliquer sur Page 1 sur 1 pour accéder à la commande **Aller à la page**.

La barre d'état

Après ce tour d'horizon de l'interface, entrons dans le vif du sujet. Vous allez rédiger une lettre, c'est-à-dire saisir au clavier une série de caractères. Vous aurez aussi l'occasion de découvrir les fonctions élémentaires de Pages.

ÉCRIRE DU TEXTE

Pages est un traitement de texte. Cela signifie que la frappe de caractères se fait au kilomètre. Vous n'avez pas besoin d'appuyer sur la touche Entrée pour aller à la ligne. Comme tous les traitements de texte, Pages est doté d'une fonction de retour à la ligne automatique.

Pour écrire votre texte, procédez comme suit :

1/ Cliquez sur la feuille vierge. Cette opération indique à Pages où la saisie doit commencer.

2/ Saisissez votre texte.

Dans une lettre, il est préférable de séparer les paragraphes. La lettre est ainsi aérée et plus agréable à lire.

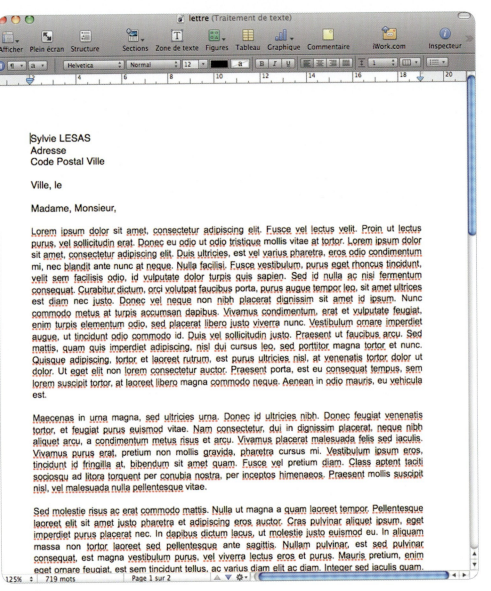

Saisir du texte

Naissance d'Apple Computer Inc

MacWord

Le 1er avril 1976, Steve Job, Steve Wozniak et Ronald Wayne créent leur société nommée Apple Computer Inc. Elle deviendra en 2007 Apple Inc. Entre-temps, Ronald Wayne se retire de l'aventure.

CRÉER UN PARAGRAPHE

Les paragraphes sont des ensembles de phrases. Ils facilitent la lecture et permettent de parcourir rapidement un texte. Dans cette section, vous apprendrez à en créer plusieurs.

Pour réaliser cette opération, appuyez sur la touche Entrée à la fin de la dernière phrase saisie. Si vous avez activé les symboles non imprimables, la présence de paragraphes est indiquée par le symbole ¶.

Mac Word

Afficher les caractères non imprimables
Pour les rendre visibles, il existe deux solutions :
— Dans la barre d'outils, cliquez sur la flèche noire située à droite de la première icône *Afficher* pour dérouler son contenu. Choisissez la commande **Afficher les caractères invisibles**.
— Dans le menu **Présentation**, sélectionnez la commande **Afficher les caractères invisibles** ou utilisez son raccourci clavier Maj + ⌘ + I.
Pour les rendre invisibles, il vous suffira d'utiliser de nouveau l'une de ces deux méthodes.

Si le Dock et le Bureau vous déconcentrent dans votre travail, vous pouvez les masquer. Pour cela, utilisez la nouvelle fonctionnalité de Pages : **Plein écran**.

MODIFIER L'AFFICHAGE D'UN DOCUMENT

Par défaut, la barre de formats, les règles sont affichées. Vous pouvez choisir de les masquer via le menu Afficher. Vous disposez ainsi d'une surface de travail agrandie. Cependant, le Bureau et le Dock restent visibles.

Dans Pages'09, les documents peuvent désormais être affichés en plein écran. Vous masquez ainsi le Bureau et le Dock. Pour cela, dans la barre d'outils, cliquez sur l'icône *Plein écran* : les barres disparaissent et le texte reste visible. Cependant, vous avez toujours accès aux commandes rapides de Pages : amenez le pointeur de la souris en haut du document pour rendre visible la barre de formats.

Mac Community

Magazine sur le Mac
Si vous aimez votre Mac, vous aimerez ce magazine. www.ipomme.info est un PDF gratuit entièrement dédié à l'univers du Mac. Il propose les dernières actualités, des bancs d'essai, etc.

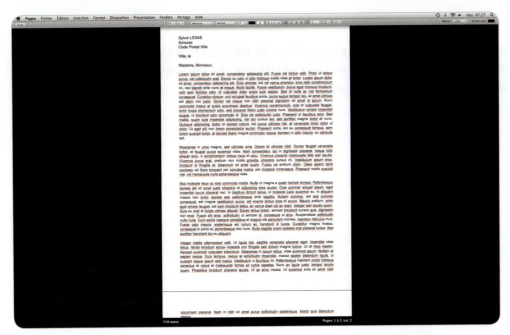

Affichage en plein écran

Après avoir vu le nouvel affichage de document, voyons à présent comme naviguer dans le texte.

NAVIGUER DANS UN DOCUMENT

Pour aller en haut de votre texte ou vous déplacer dans vos différents paragraphes, il existe plusieurs raccourcis clavier. Il s'agit de commandes qui vous permettent de réaliser rapidement une opération.

Naviguer dans un document à l'aide de raccourcis clavier	
Raccourci clavier	**Action**
⌘+↓	Place le point d'insertion à la fin du document.
⌘+↑	Place le point d'insertion au début du document.
←	Permet de se déplacer de caractère en caractère de gauche vers la droite.
Alt+PgPréc	Place le point d'insertion au début du document.
Alt+PgSuiv	Place le point d'insertion à la fin du document.
PgPréc	Revient à la page précédente.
PgSuiv	Affiche la page suivante.

Une fois le texte saisi, vous devez l'enregistrer.

ENREGISTRER UN DOCUMENT

L'enregistrement d'un document permet d'en conserver une copie sur le disque dur. Vous pouvez ainsi le reprendre plus tard pour y apporter des modifications. N'attendez pas d'avoir entré votre texte dans sa totalité. Enregistrez-le au fur et à mesure.

Pour enregistrer le document, effectuez les manipulations suivantes :

1/ Allez dans le menu **Fichier**.

2/ Choisissez les commandes **Enregistrer** ou **Enregistrer sous**.

Les commandes
Enregistrer et
Enregistrer sous

3/ Dans la boîte de dialogue qui s'affiche, saisissez dans le champ *Enregistrer sous*, le nom de votre fichier. Par défaut, le fichier est nommé *Sans titre*. Ce libellé sera automatiquement remplacé par ce que vous allez saisir.

> **Mac Malin**
>
> **Enregistrement de document**
> Utilisez un nom descriptif pour le retrouver plus facilement sur votre disque dur.

4/ Indiquez l'emplacement de votre fichier. Par défaut, il sera enregistré dans le dossier *Documents*. Pour choisir un autre emplacement, cliquez sur le bouton représentant une flèche noire vers le bas, situé à droite du champ *Enregistrer sous*. La boîte de dialogue s'agrandit permettant de visualiser les dossiers sur votre disque dur.

5/ Sélectionnez l'emplacement voulu ou créez un nouveau dossier via le bouton du même nom.

6/ Dans la partie inférieure de la boîte de dialogue, des options ont fait leur apparition. Vous avez la possibilité :

➡ d'inclure une vignette de votre document ;

➡ d'enregistrer le fichier au format Microsoft ;

➡ d'intégrer l'audio et la vidéo si vous en avez importé ;

➡ de copier les images du modèle dans le document.

7/ Une fois les options définies, cliquez sur le bouton **Enregistrer**.

La boîte de dialogue d'enregistrement de document

Mac Malin

Enregistrement rapide
Pour sauvegarder votre document, utilisez le raccourci clavier ⌘+Ⓢ.

Une fois le document enregistré, vous pourrez le modifier ultérieurement et l'enregistrer de nouveau. Pour cela, vous utiliserez la commande **Enregistrer sous**.

ENREGISTRER SOUS

La commande Enregistrer sous permet d'avoir plusieurs versions d'un document, destinées par exemple à des personnes différentes.

1/ Saisissez de nouveau du texte.

2/ Enregistrez le document. Pour ce faire, dans le menu **Fichier**, choisissez la commande **Enregistrer sous**.

3/ Dans la boîte de dialogue qui s'affiche, nommez à nouveau votre document. Si vous souhaitez conserver une copie de l'original, saisissez dans le champ *Enregistrer sous* `lettre_v2`.

4/ Indiquez le dossier de sauvegarde.

5/ Cliquez sur le bouton **Enregistrer sous**.

Si les modifications apportées à votre texte ne vous conviennent pas, vous pouvez revenir à sa version antérieure.

RESTAURER LA VERSION PRÉCÉDENTE D'UN DOCUMENT

Si vous avez utilisé le raccourci clavier +S **pour sauvegarder les modifications apportées, vous ne disposez plus de la version originale ou précédente de votre document avant les changements. Cette commande Revenir à la version enregistrée permet d'avoir à portée de main la version antérieure du document.**

Pour revenir à la version originale du document, effectuez les manipulations suivantes :

1/ Ouvrez le menu **Fichier**.

2/ Sélectionnez la commande **Revenir à la version enregistrée**.

Revenir à la version enregistrée

3/ Un message d'avertissement s'affiche vous mettant en garde et vous demandant de confirmer votre action. Vous pouvez soit cliquer sur le bouton **Revenir** pour retrouver la version originale de votre document, soit appuyer sur le bouton **Annuler** pour annuler l'opération.

Votre document est enregistré. Vous allez à présent créer une carte d'anniversaire. Par conséquent, le document actuellement affiché doit être fermé.

FERMER UN DOCUMENT

Pour fermer le document, procédez comme suit :

1/ Cliquez sur le menu **Fichier**.

2/ Sélectionnez la commande **Fermer**.

Si vous avez oublié d'enregistrer le document, une boîte de dialogue va s'afficher, vous proposant plusieurs options :

Les options
d'enregistrement
de document

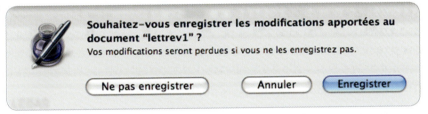

🔁 **Ne pas enregistrer** : ferme le document sans enregistrer les modifications. Si vous n'avez pas au préalable enregistré une copie sur votre Mac, vous ne pourrez pas le récupérer. Si vous avez enregistré une première fois votre document et que vous sélectionniez cette commande, toutes les modifications apportées ne seront pas conservées.

🔁 **Annuler** : annule l'opération en cours. Vous retournez dans Pages. Vous pouvez alors apporter les modifications nécessaires.

🔁 **Enregistrer** : crée une copie de votre document sur votre disque dur.

> **Mac Malin**
>
> **Fermeture de document**
> Pour fermer vos documents, il existe deux autres techniques :
> — Vous pouvez également utiliser le raccourci clavier +W.
> — Cliquez sur l'icône rouge située dans le coin supérieur gauche du document.

Votre fichier est à présent fermé. Dans la section suivante, vous allez choisir un modèle pour créer une carte d'anniversaire. En effet, Pages n'est pas uniquement un traitement de texte. C'est aussi un logiciel de mise en page reposant sur l'utilisation de blocs fictifs personnalisables.

PARTIR D'UN MODÈLE

La question que vous vous posez peut-être est : pourquoi partir d'un modèle ? Il permet très rapidement de créer un document grâce à des textes et images fictifs ainsi qu'à une mise en page prédéfinie. Vous gagnez ainsi en temps.

Pour créer votre carte d'anniversaire, suivez ces étapes :

1/ Ouvrez le menu **Fichier**.

2/ Sélectionnez la commande **Créer à partir de la liste de modèles**. La fenêtre **Liste de modèles** s'affiche.

> Mac Malin
>
> **Ouvrir la fenêtre Liste de modèles**
> Vous pouvez utiliser la commande **Nouveau** du menu **Fichier**.

3/ Dans la barre latérale à gauche, cliquez sur *Cartes et invitations*. Le contenu de cette catégorie s'affiche à droite sous forme de vignettes. Si leur taille ne vous convient pas, faites glisser le curseur du zoom d'affichage situé en bas des vignettes, vers la droite pour les agrandir.

4/ Afin de visualiser le contenu du modèle que vous allez choisir, déplacez le pointeur dessus pour le faire défiler.

Le modèle Carte avec gâteau d'anniversaire

5/ Double-cliquez à droite sur le modèle *Carte avec gâteau d'anniversaire*. Il s'affiche. La prochaine étape consiste à le modifier. Vous commencerez par saisir votre propre texte.

REMPLACER DU TEXTE

Chaque modèle peut être édité. Il est composé de blocs fictifs contenant texte et image. Si vous cliquez sur l'un ou l'autre, vous vous apercevez qu'ils sont indépendants. Cela signifie que les changements apportés à l'un ne se répercuteront pas sur l'autre.

Pour remplacer le texte actuel par le vôtre, procédez comme suit :

1/ Double-cliquez sur le bloc pour le sélectionner.

Remplacer le texte

2/ Saisissez le texte `heureux anniversaire de mariage`.

3/ Pour valider votre saisie, cliquez en dehors du texte.

Il existe une autre méthode de remplacement de texte, qui consiste à utiliser le copier-coller tout en conservant le style du modèle.

COPIER-COLLER DU TEXTE AVEC LE STYLE DU MODÈLE

Copier-coller le texte avec le style du modèle original évite de devoir attribuer manuellement un style.

1/ Cliquez trois fois successivement très vite sur *Joyeux anniversaire* pour sélectionner la phrase.

2/ Ouvrez le document contenant votre nouveau texte. Ce peut être par exemple un fichier TextEdit (le traitement de texte de votre Mac).

3/ Sélectionnez votre texte en appuyant sur les touches ⌘+Ⓐ.

➡ Copiez-le. Pour cela, utilisez le raccourci clavier ⌘+Ⓒ ou le menu **Edition/Copier**.

➡ Retournez dans Pages. Allez dans le menu **Edition**. Sélectionnez la commande **Coller et appliquer le style**. Le texte collé prend instantanément le style du bloc du modèle.

Le menu Edition/Coller

Le texte de la carte n'est pas positionné au bon endroit. Vous allez déplacer son bloc.

DÉPLACER UN BLOC DE TEXTE

Le déplacement d'un bloc de texte permet de changer sa position.

1/ Sélectionnez le bloc en cliquant dessus. Ensuite, tout en maintenant enfoncé le bouton de la souris, faites-le glisser vers le haut. Le texte est masqué par l'image.

2/ Pour le placer au premier plan, cliquez dessus du bouton droit. Un menu flottant s'affiche.

3/ Choisissez, dans la liste, la commande **Placer au premier plan**.

**Les commandes
du menu flottant**

La prochaine étape consiste à changer l'image fictive. Si vous déplacez le pointeur dessus, une information s'affiche vous indiquant la marche à suivre pour la remplacer.

AJOUTER UNE IMAGE

Ajouter une image permet d'agrémenter un texte. Pour placer votre image, deux méthodes existent.

La première consiste à faire glisser l'image du Finder vers le bloc prévu à cet effet. L'image fictive par défaut est automatiquement remplacée par la nouvelle.

La seconde méthode consiste à utiliser le navigateur de médias de Pages.

1/ Dans la barre d'outils, cliquez sur le bouton **Données multimédias**.

2/ Cliquez sur le bouton **Photos**.

3/ Double-cliquez sur *iPhoto* pour visualiser les photos.

4/ Sélectionnez la photo. Ensuite, tout en maintenant enfoncé le bouton de la souris, faites-la glisser sur l'image fictive.

> **Mac Malin**
>
> **Annuler une opération**
> Pour annuler une opération, utilisez le raccourci clavier ⌘+Z ou le menu **Edition/Annuler**.

L'image est trop grande. Vous allez modifier sa taille.

REDIMENSIONNER UNE IMAGE

Pour changer ses dimensions, procédez comme suit :

1/ Cliquez sur l'image pour la sélectionner.

2/ Cliquez sur l'une des poignées de son cadre.

3/ Tout en maintenant enfoncé le bouton de la souris, faites-la glisser en diagonale vers son centre pour diminuer sa taille.

Modèles gratuits

Si vous ne trouvez pas votre bonheur, l'éditeur Jumsoft vous propose de nombreux modèles gratuits et payants à installer. Saisissez, dans la barre d'adresse de Safari, `www.jumsoft.com`, puis cliquez sur la section *Goodies*.

Vous pouvez également repositionner l'image dans le bloc.

DÉPLACER LE CONTENU D'UNE IMAGE

Le déplacement du contenu de l'image vous permet de mettre au premier plan le sujet que vous souhaitez.

1/ Cliquez sur l'image pour la sélectionner. En bas de cette dernière, est apparue une fenêtre flottante.

2/ Cliquez sur le bouton **Modifier le masque**.

L'image et le bouton
Modifier le masque

3/ Déplacez le pointeur sur l'image. Il prend la forme d'une main. Cliquez dessus puis, tout en maintenant enfoncé le bouton de la souris, faites glisser l'image.

4/ Cliquez en dehors du bloc pour valider le nouvel emplacement.

> **Mac Word**
>
> **Magazine sur le Mac**
> C'est en octobre 1988 que voit le jour *SVM Mac*, le premier magazine sur l'univers Mac.

Votre prochaine tâche consiste à modifier la taille du contenu de l'image dans le cadre.

MODIFIER LA TAILLE DU CONTENU D'UNE IMAGE

Si vous n'avez pas changé la taille de votre image dans votre logiciel d'édition d'images, vous pouvez réaliser l'opération dans Pages.

Pour modifier les dimensions du contenu de l'image, procédez comme suit :

1/ Sélectionnez l'image.

2/ Faites glisser le curseur situé au-dessus du bouton **Modifier le masque** vers la gauche ou vers la droite selon que vous souhaitez diminuer ou agrandir la taille du contenu de l'image dans le bloc.

> **Mac Malin**
>
> **Définir un modèle par défaut**
> Si vous utilisez Pages pour rédiger uniquement votre courrier, vous pouvez lui indiquer dans le menu **Préférences** qu'il doit s'ouvrir sur une feuille blanche par défaut. Vous éviterez ainsi de choisir à chaque fois un modèle dans la fenêtre **Liste de modèles**.
>
> 1/ Cliquez sur le menu **Pages**.
>
> 2/ Dans la liste des commandes qui s'affichent, choisissez **Préférences**.
>
> 3/ Dans la fenêtre **Préférences Général**, cochez dans la rubrique *Nouveaux documents*, *Utiliser le modèle : Vierge*.
>
> 4/ Cliquez sur le bouton **Choisir**. La fenêtre **Liste de modèles** s'affiche.
>
> 5/ Sélectionnez *Vierge* puis appuyez sur le bouton **Choisir**. Pages s'ouvrira désormais par défaut sur ce document.
>
> 6/ Cliquez sur le bouton rouge situé dans l'angle supérieur gauche de la fenêtre **Préférences Général** pour la fermer.
>
> 7/ Pour afficher de nouveau, au départ, la fenêtre **Liste de modèles**, cochez l'option *Afficher la liste de modèles* dans la rubrique *Nouveaux documents* du menu **Préférences**.

Si vous envoyez souvent le même type de courrier, un modèle peut vous permettre de gagner du temps.

CRÉER UN MODÈLE

Un modèle est composé d'éléments fictifs que vous remplacerez par vos **propres données. Tout d'abord, commencez par ouvrir la lettre que vous avez rédigée.**

1/ Utilisez le raccourci clavier ⌘+O.

2/ Dans la boîte de dialogue qui s'affiche, sélectionnez la lettre puis cliquez sur le bouton **Ouvrir**.

3/ Sélectionnez les blocs de texte suivants un par un : *Adresse, Date lettre, Civilité, 1er, 2e.*

4/ Pour chacun d'entre eux, allez dans le menu **Format**. Cliquez sur les commandes **Avancé/ Définir comme texte pour paramètre fictif**.

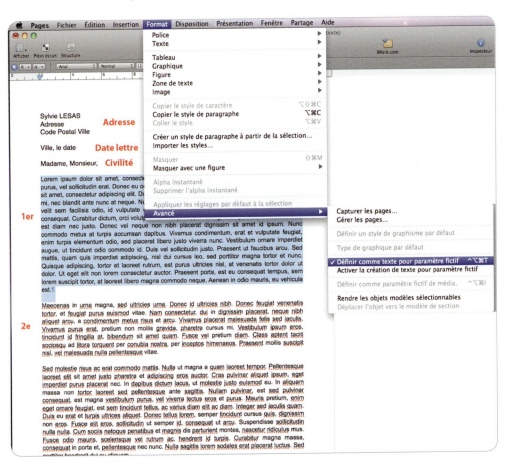

Définir le texte comme paramètre fictif

Si le texte fictif ne vous convient pas, vous pouvez le modifier.

1/ Cliquez sur le bloc de texte pour le sélectionner.

2/ Dans le menu **Format**, amenez le pointeur sur la commande **Avancé**. Dans la liste qui s'affiche, cliquez sur **Activer la création de texte pour paramètre fictif**.

Lorsque vous avez terminé, vous devez l'enregistrer en tant que modèle afin qu'il apparaisse dans la liste de vos modèles.

ENREGISTRER UN MODÈLE

L'enregistrement du modèle créé permet de conserver les caractéristiques que vous avez définies pour le texte.

Pour enregistrer votre modèle, effectuez les manipulations suivantes :

1/ Dans le menu **Fichier**, cliquez sur la commande **Enregistrer comme modèle**. Une boîte de dialogue s'affiche.

2/ Cliquez dans le champ *Exporter comme* puis saisissez le nom de votre modèle.

3/ Spécifiez un dossier d'enregistrement pour ce modèle. Par défaut, il est enregistré dans le dossier *Bibliothèque/Application Support/iWork/Pages/Modèles/Mes modèles*. Il figurera de ce fait dans la catégorie *Mes modèles* dans la fenêtre **Liste des modèles**. Si vous souhaitez l'enregistrer à un autre emplacement, cliquez sur le bouton **Nouveau dossier** et nommez-le. Le dossier deviendra une catégorie de modèles.

4/ Vérifiez que l'option *Inclure l'aperçu du document* est cochée.

5/ Cliquez sur le bouton **Enregistrer**.

Les options d'enregistrement

> **Mac Word**
>
> **Création de la société Apple**
> C'est le 1er avril 1976 qu'est créée la société Apple Computer. Un an après l'échec de la première machine Apple I, Apple II rencontre un franc succès auprès des utilisateurs.

Une fois votre document enregistré, vous en avez désormais une copie sur votre disque dur.

OUVRIR UN FICHIER

Pour l'ouvrir de nouveau afin d'y apporter des modifications par exemple, suivez l'une de ces méthodes :

➡ Allez dans le dossier où se trouve votre fichier. Double-cliquez dessus pour l'ouvrir.

➡ Faites glisser la vignette du document sur l'icône de Pages.

➡ Cliquez du bouton droit sur le fichier. Dans le menu qui s'affiche, choisissez la commande **Ouvrir**.

➡ Lancez Pages. Dans la fenêtre **Liste de modèles**, cliquez sur le bouton **Ouvrir un fichier**. Dans la fenêtre **Ouvrir**, cliquez sur le fichier puis sur le bouton **Ouvrir**.

➡ Vous pouvez aussi, depuis la fenêtre **Liste de modèles**, cliquer sur le bouton **Ouvrir récent**, qui affiche la liste des derniers documents enregistrés.

➡ Si vous vous trouvez dans Pages, cliquez sur le menu **Fichier/Ouvrir**. Dans la boîte de dialogue qui s'affiche, cliquez sur l'icône du fichier puis sur le bouton **Ouvrir**.

La commande Ouvrir

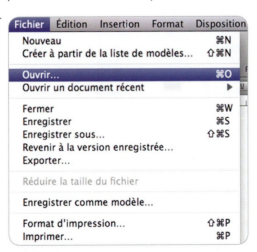

> **Mac Malin**
>
> **Ouvrir le document**
> Vous pouvez double-cliquer sur le fichier dans la boîte de dialogue **Ouvrir** pour l'afficher.

➡ Dans Pages, s'il s'agit d'un document sur lequel vous avez travaillé récemment, cliquez sur le menu **Fichier**. Ensuite, choisissez la commande **Ouvrir un document récent** puis amenez le pointeur sur la flèche noire à droite pour afficher la liste des derniers documents enregistrés. Cliquez sur celui que vous souhaitez ouvrir.

Une fois que votre travail est enregistré et terminé, vous pouvez quitter Pages.

QUITTER PAGES

Pour fermer le logiciel, utilisez l'une des méthodes suivantes :

➡ Utilisez le raccourci clavier ⌘+Ⓠ.

➡ Allez dans le menu **Pages**. Sélectionnez la commande **Quitter Pages**. Si vous préférez le laisser ouvert sans le quitter, choisissez la commande **Masquer Pages**.

Quitter Pages

2

Changer l'apparence d'un texte

Dans le chapitre précédent, vous avez saisi le texte au kilomètre. Vous allez voir maintenant comment modifier l'apparence de ces caractères pour rendre votre texte attractif. Pour cette opération, Pages met à votre disposition plusieurs outils. Tout d'abord, vous utiliserez la barre de formats. Ensuite, vous étudierez les différentes options de l'Inspecteur de texte puis exploiterez le tiroir des styles. Pour finir votre mise en forme, vous ajouterez un saut de disposition et de colonne. Vous présenterez votre texte sous la forme de colonnes. En conclusion de ce chapitre, vous effectuerez une dernière vérification au niveau de l'orthographe.

SÉLECTIONNER DES CARACTÈRES

Avant de changer l'apparence des caractères, **vous devez les choisir, c'est-à-dire indiquer exactement à Pages quels sont les caractères dont vous souhaitez améliorer l'aspect. La présentation des autres caractères non sélectionnés ne sera pas affectée par les changements que vous effectuerez sur la sélection.**

Tout d'abord, ouvrez le fichier *recette_depart.page*. La prochaine étape consiste à sélectionner les caractères.

¶ La sélection va surligner les caractères, qui apparaîtront en bleu. Ces caractères peuvent être des mots, constitués d'un ou plusieurs caractères, ou des paragraphes, composés d'un ensemble de caractères terminés par un retour à la ligne, symbolisé par le symbole non imprimable ¶.

Pour sélectionner ces caractères, vous devez utiliser la souris. Selon le nombre de caractères dont vous souhaitez améliorer l'aspect, la technique de la sélection diffère légèrement.

➡ Pour sélectionner un mot, double-cliquez dessus.

> **Mac Malin**
>
> **La sélection de caractères**
> Pour sélectionner un ou plusieurs caractères, vous pouvez également utiliser la technique suivante : placez le point d'insertion au début du premier caractère puis, tout en maintenant enfoncée la touche Maj, appuyez plusieurs fois sur la → jusqu'au dernier caractère à inclure dans la sélection.

➡ Pour sélectionner un paragraphe, cliquez trois fois successivement dessus.

➡ Pour sélectionner une phrase, cliquez à gauche du premier mot puis, sans relâcher le bouton de la souris, faites glisser le pointeur jusqu'au dernier mot. Relâchez le bouton de la souris.

> **Mac Malin**
>
> **Sélectionner un document**
> Utilisez le raccourci clavier ⌘+A.

Une fois la recette de cuisine ouverte, sélectionnez tout le document via le menu **Edition/Tout sélectionner**.

La commande Tout sélectionner

Pour améliorer l'aspect de vos documents, vous disposez de la barre de formats ainsi que de l'Inspecteur de texte.

> **Mac Word**
>
> **Mac OS X**
> Les ordinateurs Mac sont gérés par le système d'exploitation Mac OS. Les dernières versions Mac OS X sont basées sur le noyau Unix.

METTRE EN FORME DES CARACTÈRES AVEC LA BARRE DE FORMATS

Lorsque vous saisissez du texte dans un document, il s'affiche dans la police de caractères par défaut Helvética. Vous allez la modifier. Pour cela, vous utiliserez la barre de formats. Elle est composée de différentes icônes, qui permettent de modifier rapidement l'aspect des caractères d'un texte par un simple clic.

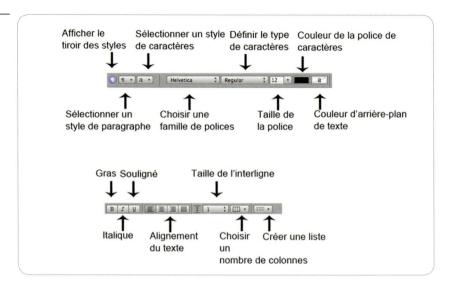

● Choisir une police de caractères

Une police de caractères est composée d'un ensemble de caractères avec un style commun.

Utilisez de préférence des polices qui seront lues correctement sur la plupart des ordinateurs. Il s'agit généralement des polices Arial, Courier ou Times roman. Évitez par conséquent les polices exotiques, qui risqueraient de ne pas être lisibles sur un autre ordinateur. Votre texte serait alors incompréhensible à la lecture.

Pour changer la police de votre texte, procédez comme suit :

1/ Dans la barre de formats, cliquez sur le troisième bouton, **Sélectionner la famille de polices**. La liste s'affiche.

La liste des polices

2/ Tout en maintenant enfoncé le bouton de la souris, amenez le pointeur jusqu'à la police *Arial*.

3/ Relâchez la souris. La police Arial est automatiquement appliquée à l'ensemble de la recette.

> **Mac Malin**
>
> **Sélectionner une police de caractères**
> Vous disposez également d'une autre méthode pour changer la police de caractères :
> 1/ Cliquez du bouton droit sur la recette sélectionnée. Dans le menu qui s'affiche, amenez le pointeur jusqu'à la commande **Police**.
> 2/ Dans la liste qui s'affiche, sélectionnez la commande **Afficher les polices**.
> 3/ Dans la boîte de dialogue **Polices**, choisissez la police Arial dans la liste *Nom de police*.

Une fois la police de caractères choisie, vous pouvez améliorer son aspect.

● Appliquer un style de caractère

Les caractères peuvent prendre différents aspects. Vous pouvez les mettre en gras, en italique ou les souligner. Dans le cas présent, vous allez mettre en gras les mots *INGRÉDIENTS* et *PRÉPARATION*.

1/ Double-cliquez sur *INGRÉDIENTS*.

2/ Tout en maintenant enfoncée la touche ⌘, double-cliquez sur *PRÉPARATION*.

3/ Dans la barre de formats, cliquez sur le menu à droite de la police de caractères.

4/ Dans la liste qui s'affiche, sélectionnez l'option *Gras*.

> **Mac Malin**
>
> **Appliquer un style de caractère**
> Il existe une autre méthode pour réaliser cette opération :
> 1/ Cliquez du bouton droit sur les mots sélectionnés.
> 2/ Dans le menu qui s'affiche, sélectionnez les commandes **Police/Gras**.

Une troisième méthode permet de transformer l'apparence d'un texte sélectionné.

1/ Tout d'abord, désélectionnez les mots *INGRÉDIENTS* et *PRÉPARATION* soit par le biais du menu **Edition/Tout désélectionner**, soit en cliquant en dehors de la sélection.

2/ Sélectionnez le texte des ingrédients. Pour cela, cliquez à gauche du premier mot puis, tout en maintenant enfoncé le bouton de la souris, faites glisser le pointeur jusqu'au caractère T de *chocolat*.

3/ Dans la barre de formats, cliquez sur le bouton **I**. Le texte est à présent en italique.

Le menu Type de caractère et le format Italique

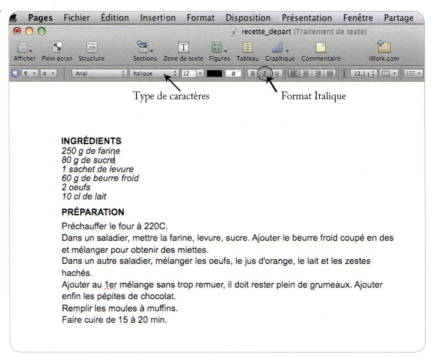

Type de caractères   Format Italique

4/ Sélectionnez de nouveau les mots *INGRÉDIENTS* et *PRÉPARATION*.

La prochaine étape consiste à modifier la taille des caractères. Si vous ne réalisez pas cette opération, votre lecteur risque de ne pas accrocher à un texte que vous considérez important.

● Changer la taille des caractères

Pages met à votre disposition différentes tailles de caractère. Par exemple, les titres utiliseront une taille de caractère plus grande que le texte. Ces derniers servent à l'introduire. De ce fait, ils devront être mis en évidence et attirer l'attention du lecteur. Pour un texte, n'utilisez pas une taille inférieure à 10, sinon vous perdrez en lisibilité au niveau de lecture.

Pour sélectionner une autre taille pour les mots *INGRÉDIENTS* et *PRÉPARATION*, suivez ces étapes :

1/   Dans la barre de formats, cliquez sur le menu **Définir la taille de la police** situé à droite du menu **Style de caractère**.

2/   Dans la liste, cliquez sur *14*.

Vous allez poursuivre la mise en forme de la recette avec l'Inspecteur de texte.

UTILISER L'INSPECTEUR DE TEXTE

L'Inspecteur de texte est une fenêtre composée d'une série de commandes de mise en forme, dont certaines sont disponibles sous forme d'icônes dans la barre de formats ou dans les menus supérieurs.

Il s'agit maintenant de changer la couleur des textes sélectionnés.

● Modifier la couleur du texte

Changer la couleur d'un texte permet de le mettre en évidence et d'attirer l'œil du lecteur.

   Si l'Inspecteur n'est pas affiché, cliquez dans la barre d'outils sur l'icône *Inspecteur*.

1/   Cliquez sur l'icône *T* puis sur le bouton **Texte** de l'Inspecteur.

2/   Cliquez sur le cadre de couleur. La fenêtre **Couleurs** s'affiche.

3/   Faites glisser le curseur des couleurs vers le haut pour afficher les autres couleurs.

4/   Cliquez sur la roue colorée. Tout en maintenant enfoncé le bouton de la souris, faites glisser le pointeur sur la couleur rouge. Elle s'applique alors aux mots *INGRÉDIENTS* et *PRÉPARATION*.

INGRÉDIENTS

250 g de farine
80 g de sucre
1 sachet de levure
60 g de beurre froid
2 oeufs
10 cl de lait

PRÉPARATION

Préchauffer le four à 220C.

Dans un saladier, mettre la farine, levure, sucre. Ajouter le beu
et mélanger pour obtenir des miettes.

Dans un autre saladier, mélanger les oeufs, le jus d'orange, le
hachés.

Ajouter au 1er mélange sans trop remuer, il doit rester plein de
enfin les pépites de chocolat.

Remplir les moules à muffins.

Faire cuire de 15 à 20 min.

La fenêtre Couleurs

Mac Malin

Appliquer une autre couleur de texte

Il existe deux autres méthodes pour changer la couleur de texte.
La première méthode est la suivante :

1/ Cliquez du bouton droit sur l'un des mots sélectionnés.

2/ Dans le menu qui s'affiche, sélectionnez les commandes **Police/
Afficher les couleurs**.

3/ La fenêtre **Couleurs** s'affiche.

4/ Répétez les étapes 3 et 4 de la méthode précédente faisant appel à
l'Inspecteur de texte.

Concernant la seconde méthode, procédez comme suit :

1/ Dans la barre de formats, cliquez sur le cadre de couleur. Un tableau
de couleurs s'affiche.

2/ Choisissez une couleur en cliquant dessus ou cliquez sur *Afficher
les couleurs* pour ouvrir la fenêtre **Couleurs** qui offre plus de choix.

Ne désélectionnez pas ces titres. Vous allez à présent modifier l'espacement entre les caractères
sélectionnés.

● Espacer les caractères

Espacer les caractères permet une meilleure lisibilité. Vous pouvez également choisir de réaliser cette opération pour accrocher le regard de votre lecteur.

L'ajustement des caractères peut être modifié. Pour ce faire, dans la section *Espacement*, faites glisser le curseur *Caractère* vers la droite jusqu'à ce que la valeur 36 % s'affiche.

> **Mac Malin**
>
> **Espacer les caractères**
> Double-cliquez dans le champ *Caractère* pour saisir votre propre valeur d'espacement.

Pour augmenter la valeur d'espacement des caractères, cliquez sur la flèche pointant vers le haut située en regard du champ *Caractère*.

Pour diminuer cette valeur, cliquez sur la flèche pointant vers le bas située à droite du champ *Caractère*.

L'espacement des caractères

Votre prochaine tâche consiste à modifier l'aspect des paragraphes des sections *INGRÉDIENTS* et *PRÉPARATION* en changeant les espaces qui les précèdent et les suivent ainsi que leur interlignage.

METTRE EN FORME DES PARAGRAPHES

La mise en forme des paragraphes permet de mettre en évidence les plus importants et d'attirer le regard du lecteur. Pour commencer, vous changerez l'espacement entre les paragraphes. Ensuite, vous modifierez l'interligne.

● Modifier l'espacement

Modifier l'espace entre les paragraphes permet d'aérer leur lecture et d'améliorer leur présentation.

1/ Laissez sélectionner le paragraphe consacré aux ingrédients.

2/ Dans l'Inspecteur de texte, déplacez le curseur *Avant le paragraphe* jusqu'à ce que la valeur 3 pt s'affiche. Vous pouvez, comme précédemment, entrer une valeur précise dans le champ situé à droite de la glissière de l'option.

> ➡ Pour augmenter sa valeur, cliquez sur la flèche vers le haut.

> ➡ Pour diminuer sa valeur, cliquez sur la flèche vers le bas.

3/ Faites glisser le curseur *Après le paragraphe* jusqu'à 5 pt.

4/ Désélectionnez le paragraphe puis cliquez dans le mot *PRÉPARATION*.

5/ Faites glisser le curseur *Avant le paragraphe* jusqu'à 7 pt pour détacher davantage les ingrédients de la section *PRÉPARATION*.

6/ Déplacez le curseur *Après le paragraphe* jusqu'à 4 pt pour espacer le titre *PRÉPARATION* des étapes.

7/ Sélectionnez de nouveau les ingrédients. Dans la section suivante, vous allez créer une liste à puces.

L'espacement des paragraphes

> **Le Mac mini**
>
> Le Mac mini fait son entrée sur le marché des mini-portables en 2005. C'est un petit ordinateur de bureau dont les composants sont mis à jour plusieurs fois. À partir de février 2006, il est équipé du processeur Intel.

À l'étape suivante, vous allez changer l'interligne.

● Modifier l'interligne

Un interligne représente la taille d'un espace vertical entre les lignes du texte. Cela permet d'améliorer la présentation. L'interligne précise également l'espace entre les lignes du paragraphe.

Pour modifier la taille d'un interligne, procédez comme suit :

1/ Dans l'Inspecteur de texte, cliquez sur le bouton **Texte**.

2/ Faites glisser le curseur *Interligne* vers la droite jusqu'à ce que la valeur 17 pt s'affiche. Vous pouvez également saisir une valeur dans le champ situé à droite de la glissière.

➡ Pour l'augmenter, cliquez sur la flèche vers le haut.

➡ Pour réaliser l'opération inverse, cliquez sur la flèche vers le bas.

3/ Dans le menu local situé en dessous du champ *Interligne*, sélectionnez l'option *Exactement*. Cela signifie que sera mesuré avec précision l'espace entre les lignes.

> **Mac Malin**
>
> **Changer l'interligne**
> Pour réaliser cette opération, utilisez le menu **Sélectionner l'espacement** de la barre de formats.

Il s'agit à présent d'ajouter des puces aux étapes de la recette.

● Créer une liste à puces

Convertir un texte sous forme de liste à puces est adapté aux recettes de cuisine et c'est un moyen largement utilisé dans des manuels pour expliquer le fonctionnement d'un appareil. Cela permet d'attirer l'attention du lecteur et d'organiser les idées.

1/ Dans l'Inspecteur de texte, cliquez sur le bouton **Liste**.

2/ Dans la section *Puces et numérotation*, choisissez, dans le menu local, *Puces de texte*.

3/ Sélectionnez dans le menu situé en dessous, la puce composée de quatre losanges.

4/ Dans le menu *Aligner*, cliquez sur la flèche vers le bas pour réduire l'espace d'alignement du symbole de puce par rapport au texte à – *1 pt*.

5/ Dans le menu *Taille*, cliquez sur la flèche vers le bas pour réduire la taille des puces à *10 pt* par rapport au texte. Pour cela, décochez au préalable la case *Adapter au texte*.

6/ Dans le champ *Retrait des puces*, saisissez 0,5 puis appuyez sur la touche Entrée pour confirmer la saisie. Il s'agit de la distance des puces par rapport au bord du bloc de texte.

7/ Dans le champ *Retrait du texte*, entrez 0,5 puis confirmez la saisie. Cette option permet de modifier l'espace entre le texte et la puce.

INGRÉDIENTS

- ❖ 250 g de farine¶
- ❖ 80 g de sucre¶
- ❖ 1 sachet de levure¶
- ❖ 60 g de beurre froid¶
- ❖ 2 oeufs¶
- ❖ 10 cl de lait¶

PRÉPARATION

Préchauffer le four à 220C.

Dans un saladier, mettre la farine, levure, s⊞en des et mélanger pour obtenir des miettes.

Dans un autre saladier, mélanger les oeufs⊞s hachés.

Ajouter au 1er mélange sans trop remuer, il⊞uter enfin les pépites de chocolat.

Remplir les moules à muffins.

Faire cuire de 15 à 20 min.

Les options de la liste à puces

Pour ajouter des numéros aux étapes de la préparation, procédez comme suit :

1/ Sélectionnez le paragraphe.

2/ Dans l'Inspecteur de texte, cliquez sur la flèche vers la droite de l'option *Niveau de retrait* pour choisir un niveau de retrait du texte de *2*.

3/ Dans la section locale *Puces et numérotation*, sélectionnez dans le menu local *Numéros*.

4/ Dans le champ *Retrait des numéros*, entrez 0 , 8 puis appuyez sur la touche `Entrée`.

5/ Dans le champ *Retrait du texte*, entrez 0 , 8 puis appuyez sur la touche `Entrée`.

6/ Positionnez les étapes au niveau du P de *PRÉPARATION* en appuyant sur les touches `Maj`+`Tab`.

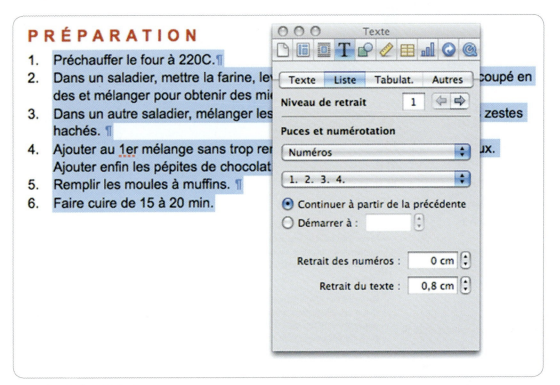

La section PRÉPARATION en étapes

La mise en forme manuelle prend du temps. Il est recommandé de l'utiliser pour les courts documents, comme les lettres. Par contre, si vous travaillez souvent sur de longs documents, comme les lettres d'information, il est préférable d'utiliser les styles de texte.

METTRE EN FORME AVEC DES STYLES

Un style est un ensemble **de caractéristiques que vous pouvez appliquer à un ou plusieurs caractères. Il permet d'améliorer l'aspect d'un texte en une seule opération. Pages propose des styles de texte prédéfinis. Vous pouvez aussi créer vos styles de texte. Voyons tout d'abord comme appliquer un style. Pour cela, Pages met à votre disposition le tiroir des styles.**

● Utiliser le tiroir des styles

Le tiroir des styles liste des styles prédéfinis de caractère et de paragraphe. Par un simple clic, il vous permet de modifier rapidement l'aspect de votre texte.

1/ Ouvrez le document *lettre_info_depart.page*.

2/ Sélectionnez le titre *Artsyl*.

3/ Dans la barre de formats, cliquez sur l'icône du tiroir des styles. Vous pouvez également l'afficher par le biais du menu **Présentation/Afficher le tiroir des styles**.

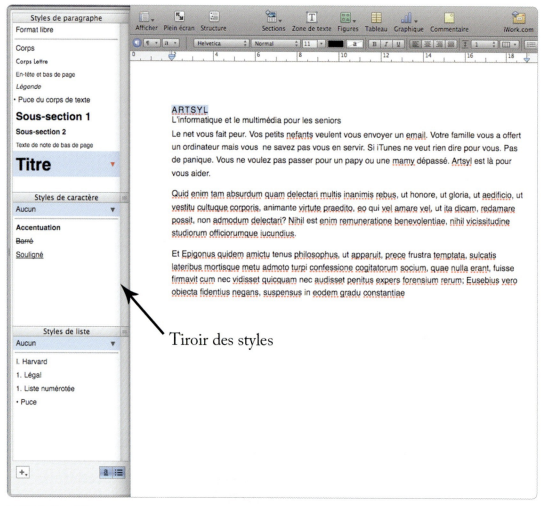

Tiroir des styles

Le tiroir des styles

4/ Pages affiche trois types de styles :

➡ les styles de paragraphe ;

➡ les styles de caractère ;

➡ les styles de liste.

Dans la section *Styles de paragraphe*, cliquez sur *Titre*. Le style s'applique au texte sélectionné.

À la prochaine étape, vous allez créer un nouveau style pour votre titre.

> **Mac Célère**
>
> **Le tiroir des styles**
> Utilisez le raccourci clavier Maj+⌘+T.

● Créer un style de caractère

Comme Pages ne propose que quelques styles standard, il vous arrivera souvent de créer vos propres styles de caractère. Un style est un ensemble de caractéristiques qui permet de mettre en évidence vos titres par exemple.

Pour créer un style, procédez comme suit :

1/ Changez le titre qui est en minuscules en majuscules. Pour cela, dans le menu **Format**, sélectionnez les commandes **Police/Majuscules/Tout en majuscules**.

2/ Dans la barre de formats, cliquez sur le cadre de couleur. Sélectionnez une couleur bleutée pour votre texte.

3/ Dans la barre d'outils, cliquez sur l'icône *Inspecteur* puis sur le bouton **Texte**.

4/ Dans la section *Couleur et alignement*, cliquez sur l'icône *Centrer le texte*.

5/ Dans la section *Espacement*, faites glisser le curseur *Caractère* vers la droite jusqu'à 12 %.

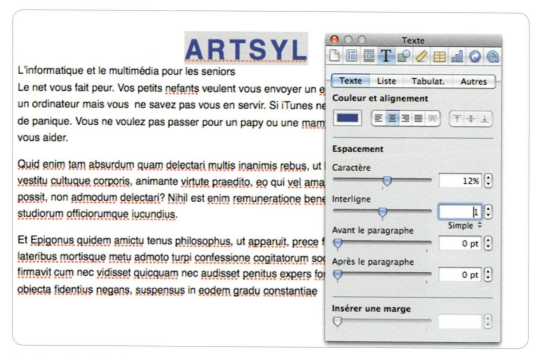

Appliquer des attributs

6/ Une fois le texte modifié, ouvrez le tiroir des styles ([Maj]+⌘+[T]).

7/ Dans la section *Styles de caractère*, cliquez sur le triangle situé en regard de *Aucun*.

8/ Cliquez sur **Créer un style de caractère à partir de la sélection**.

9 Dans la boîte de dialogue qui s'affiche, saisissez dans le champ *Nom* `Titre Lettre Information`.

Créer un style de
caractère

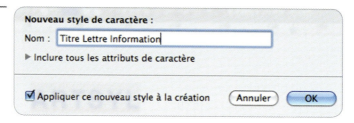

10/ Cliquez sur OK. Le style s'affiche dans la section *Styles de caractère* du tiroir des styles.

Mac Word	**Le premier Mac portable**
	Le premier Mac portable voit le jour fin 1989. En 1999, l'iBook, la version portable de l'iMac, muni de la norme Wi-Fi, est proposé au public. Le dernier de la gamme MacBook Air arrive sur le marché en 2008.

L'étape suivante consiste à créer un style pour le premier paragraphe.

● Créer un style de paragraphe

Un style de paragraphe est un ensemble d'attributs (texte centré, retrait de texte…) qui permet de caractériser du texte.

1/ Sélectionnez le premier paragraphe.

2/ Cliquez dessus du bouton droit. Dans le menu qui s'affiche, choisissez les commandes **Police/Afficher les polices**.

3/ Dans la boîte de dialogue **Polices**, cliquez dans la colonne *Nom de police* sur *Garamond*.

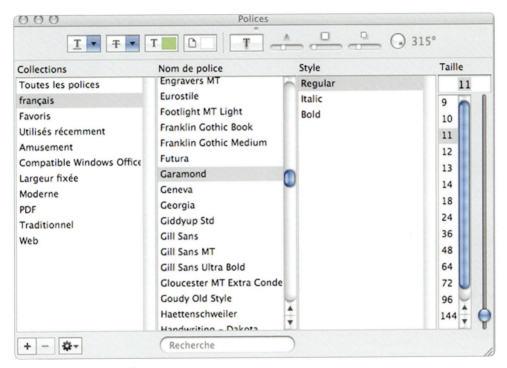

La boîte de dialogue Polices

4/ Dans la colonne *Taille*, faites glisser le curseur vers le bas jusqu'à la taille 11.

5/ Dans le menu **Format**, sélectionnez la commande **Créer un style de paragraphe à partir de la sélection**. Elle est disponible de deux autres manières :

➡ Cliquez du bouton droit sur le paragraphe sélectionné puis sélectionnez la commande dans le menu qui s'affiche.

➡ Utilisez le tiroir des styles.

6/ Dans la boîte de dialogue qui s'affiche, saisissez dans le champ *Nom* `Texte présentation lettre`.

7/ Cliquez sur OK. Le style de paragraphe est désormais disponible dans la section *Styles de paragraphe* du tiroir des styles.

Après avoir créé un style pour le paragraphe de l'introduction, vous allez l'appliquer au paragraphe suivant.

● Copier et coller un style

Copier-coller un style vous permet de gagner du temps. Votre texte est ainsi modifié rapidement.

1/ Assurez-vous que le premier paragraphe est toujours sélectionné.

2/ Dans le menu **Format**, sélectionnez la commande **Copier le style de paragraphe**.

3/ Sélectionnez le paragraphe suivant.

4/ Dans le menu **Format**, cliquez sur la commande **Coller le style de paragraphe**.

La commande
Coller le style de paragraphe

Format	Disposition	Présentation	Fenêtre	Partage

Police ▶
Texte ▶

Tableau ▶
Graphique ▶
Figure ▶
Zone de texte ▶
Image ▶

Copier le style de caractère ⌥⇧⌘C
Copier le style de paragraphe ⌥⌘C
Coller le style de paragraphe ⌥⌘V

Créer un style de paragraphe à partir de la sélection...
Importer les styles...

Masquer ⇧⌘M
Masquer avec une figure ▶

Alpha instantané
Supprimer l'alpha instantané

Appliquer les réglages par défaut à la sélection
Avancé ▶

Les styles que vous créez peuvent être modifiés ou supprimés si vous n'en avez plus besoin.

● Modifier un style

Modifier un style permet de changer l'aspect d'un texte sans être obligé de définir un nouveau style.

Vous allez changer le style du titre de la lettre d'information :

1/ Sélectionnez le titre.

2/ Dans la barre de formats, sélectionnez la police de caractères *Arial Black* puis réduisez sa *Taille* à 24 pt. Dans le tiroir de styles, le triangle noir du style *Titre Lettre* passe au rouge. Cela signifie que le texte et le style appliqué ne sont plus synchronisés.

Un style non synchronisé

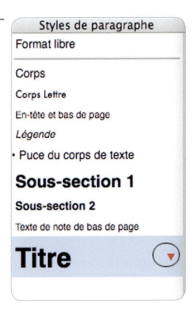

3/ Cliquez sur le triangle situé en regard du style *Titre Lettre*.

4/ Dans la liste qui s'affiche, choisissez **Redéfinir le style à partir de la sélection**.

Vous pouvez supprimer un style pour le remplacer par un autre.

● Supprimer et remplacer un style

Si un style ne vous convient pas, vous pouvez l'effacer de la liste. C'est inutile de le conserver si vous ne vous en servez pas. Vous restez ainsi organisé dans votre travail.

Pour supprimer un style, effectuez les manipulations suivantes :

1/ Dans le tiroir des styles, cliquez sur le triangle du style *Texte présentation lettre*.

2/ Dans la liste, choisissez **Supprimer le style**.

3/ Dans la fenêtre qui s'affiche, sélectionnez *Corps lettre* dans le menu déroulant.

4/ Cliquez sur le bouton **Remplacer** pour appliquer le nouveau style au texte.

Supprimer le style

Site magazine

www.competencemac.com est le site compagnon du magazine du même nom. Il est régulièrement mis à jour. Les auteurs signalent les dernières nouveautés pour Mac en matière de logiciels et de matériel.

Dans la prochaine section, vous allez mettre le deuxième paragraphe en colonne. Pour cela, vous allez insérer un saut de disposition.

CRÉER UN SAUT DE DISPOSITION

Le saut de disposition permet de changer la disposition de ce paragraphe sans modifier le premier.

Pour créer un saut de disposition, suivez ces étapes :

Le menu Colonnes

1/ Cliquez au début du premier mot.

2/ Dans le menu **Insertion**, sélectionnez la commande **Saut de disposition**.

Dans la barre de formats, cliquez sur le menu *Colonnes*. Dans la liste, sélectionnez l'option *2 colonnes*.

Il s'agit à présent de placer la dernière phrase de la première colonne à droite. Pour cela, vous allez insérer un saut de colonne.

INSÉRER DES SAUTS DE COLONNE

L'utilisation de sauts de colonne permet d'éviter qu'une phrase soit coupée du reste de son paragraphe.

Créer un saut de colonne

Pour créer un saut de colonne, procédez comme suit :

1/ Cliquez au début de la phrase à déplacer. Ce sera la dernière phrase de la première colonne.

2/ Dans le menu **Insertion**, sélectionnez la commande **Saut de colonne**.

À l'étape suivante, vous allez créer une zone de texte que vous convertirez en colonne.

CRÉER UNE ZONE DE TEXTE

Une zone de texte est un bloc indépendant du reste du texte d'un document, que vous pouvez déplacer par un simple cliquer-glisser. Elle vous permet également de convertir un texte en colonne sans affecter la présentation du reste du document.

Pour créer une zone de texte, procédez comme suit :

1/ [T] Dans la barre d'outils, cliquez sur l'icône *Zone de texte*.

2/ Cliquez en dessous du premier paragraphe. La zone de texte est créée.

3/ Cliquez dessus pour la sélectionner. Tout en maintenant enfoncé le bouton de la souris, faites-la glisser pour la positionner en dessous du premier paragraphe et avant le texte en colonne.

4/ Agrandissez-la en tirant en diagonale sur la poignée inférieure droite du cadre de sélection.

5/ Relâchez le bouton une fois le redimensionnement réalisé.

6/ Collez, dans ce cadre, le texte *faux_texte.txt* via le menu **Edition/Coller**.

La zone de texte

La prochaine étape consiste à le mettre en colonne.

METTRE EN COLONNE DU TEXTE

La présentation en colonne d'un texte dans un bloc permet de dynamiser la lecture d'un document. **Vous utiliserez également ce type de présentation lorsque le texte sera composé de données numériques. Elles seront ainsi plus lisibles. Cela simplifie leur lecture et leur compréhension. Comme vous pourrez le constater, le reste du document n'est pas affecté par cette mise en colonne.**

1/ Dans la barre d'outils, cliquez sur l'icône *Inspecteur*. Cliquez sur le bouton **Inspecteur de disposition** puis sur le bouton **Disposition**.

2/ Dans le champ *Colonnes*, cliquez une fois sur la flèche vers le haut.

3/ Double-cliquez sur la valeur de *Petit fond* pour entrer la valeur 0, 5. Appuyez sur la touche Entrée pour valider. Une fois que vous avez défini le nombre de colonnes et effectué quelques modifications au niveau du petit fond, Pages convertit automatiquement votre texte en colonne.

4/ Pour changer la largeur des colonnes, utilisez la règle.

➡ Cliquez sur le second triangle vers le bas.

➡ Tout en maintenant enfoncé le bouton de la souris, faites-le glisser vers la droite.

Les options de l'Inspecteur de disposition

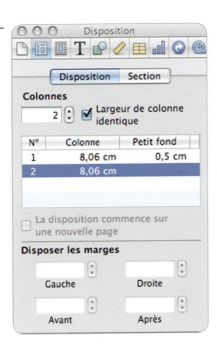

Une fois la recette et la lettre d'information créées, il est bon de vérifier l'orthographe. Tout d'abord, reprenez le fichier *recette_finale.page*.

VÉRIFIER L'ORTHOGRAPHE

Pages vérifie par défaut l'orthographe du texte saisi. Cependant, vous pouvez corriger manuellement vos fautes.

● Corriger l'orthographe lors de la saisie

La correction des fautes est réalisée en temps réel. Si l'option n'est pas activée, allez dans le menu **Edition/Orthographe/Vérifier l'orthographe** lors de la frappe. Les mots qui posent problème sont soulignés en rouge, comme à l'étape 4 de la recette de cuisine. Le terme *1er* est à corriger. Vous devez mettre *er* en exposant.

● Mettre en exposant

Mettre des caractères en exposant signifie les placer à droite et un peu au-dessus des caractères qui les précédent.

Pour placer *er* en exposant, procédez comme suit :

1/ Sélectionnez *er*.

2/ Appuyez sur les touches ⌘+⟨-⟩ pour diminuer la taille des caractères.

3/ Dans la barre d'outils, cliquez sur l'icône *Inspecteur* puis sur le bouton **Texte**.

4/ Cliquez sur le bouton **Autres**.

5/ Dans la section *Décalage ligne de base*, cliquez sur la flèche vers le haut située en regard du champ, jusqu'à afficher 3 pt. Le terme *1er* est alors écrit convenablement.

La section Décalage ligne de base
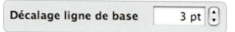

Lors de la vérification orthographique, Pages vous propose de suggestions pour remplacer les mots mal orthographiés.

● Corriger un mot par une suggestion

Pages propose par défaut des orthographes de mots que vous pouvez ignorer ou accepter.

Pour tester cette option, ouvrez tout d'abord le fichier de la lettre d'information. Dans le premier paragraphe, le mot *enfants* est mal orthographié. Vous allez le corriger.

1/ Sélectionnez-le.

2/ Cliquez du bouton droit sur la sélection. Un menu flottant s'affiche avec une suggestion.

3/ Cliquez dessus. Le mot est alors corrigé.

Une suggestion de mot

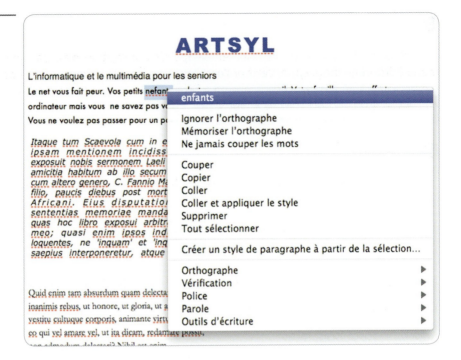

Mac Word

Mac OS X 10.2
La mouture 10.2 du système d'exploitation se dote de nouvelles fonctionnalités. iChat, un client de messagerie instantanée, fait son apparition. Le logiciel de courrier, Mail, filtre désormais les e-mails.

Si la vérification par défaut de l'orthographe vous gêne, désactivez-la par le biais du menu **Edition/Orthographe/Vérifier l'orthographe**. Vous pouvez corriger manuellement les mots mal orthographiés.

● Corriger manuellement l'orthographe

La correction manuelle n'est à utiliser que pour un texte court. S'il s'agit d'un document long, il est préférable d'utiliser la correction automatique par défaut.

1/ Dans le menu **Edition**, choisissez les commandes **Orthographe/Vérifier l'orthographe**. Le mot *mamy* apparaît en bleu. Saisissez la bonne orthographe `mamie`.

2/ Pour poursuivre la correction, appuyez sur les touches ⌘+ ⌷ (point-virgule).

Lorsque vous corrigez manuellement votre texte, vous pouvez choisir aussi le menu **Edition/ Orthographe/Orthographe**. À la différence des précédentes commandes, des suggestions de corrections vous sont proposées.

● Corriger manuellement avec des suggestions

La correction manuelle avec des suggestions d'orthographe vous permet de gagner du temps. Cependant, elle n'est à utiliser que pour un texte court.

La boîte de dialogue **Orthographe** s'affiche. Pages liste alors les suggestions de correction pour le premier mot *email*.

La boîte de dialogue Orthographe

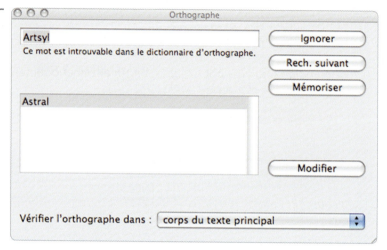

1/ Si une suggestion vous convient, double-cliquez dessus. Le mot *email* est remplacé par *mail*.

2/ Le mot *mamy* apparaît. Si vous souhaitez le corriger, entrez la bonne orthographe dans le champ situé en haut de la boîte de dialogue **Orthographe**.

3/ Afin que le mot *mamie* apparaisse dans le dictionnaire d'orthographe, cliquez sur le bouton **Mémoriser**. Le mot mal orthographié suivant s'affiche.

4/ Le mot suivant est le titre *Arstyl*. Comme aucune correction n'est à réaliser, cliquez sur le bouton **Ignorer** pour le laisser tel quel.

Lorsque vous aurez remplacé le faux texte par le vôtre, lancez de nouveau la commande **Edition/Orthographe/Orthographe**. Une fois le premier mot corrigé, cliquez sur le bouton **Rech. Suivant**.

Pages peut être configuré pour corriger automatiquement les fautes de frappe.

● Corriger automatiquement

Par exemple, si vous saisissez *vso* au lieu de *vos*, Pages effectue automatiquement la correction, mais vous devez activer l'option au préalable :

1/ Dans le menu **Pages**, cliquez sur la commande **Préférences**.

2/ Dans la boîte de dialogue qui s'affiche, cliquez sur **Correction automatique**.

3/ Dans la liste des options, cochez *Utiliser automatiquement les suggestions du correcteur orthographique*. Parmi les autres options proposées, cochez :

> *Corriger les majuscules* : vos phrases débuteront automatiquement par une majuscule, sans qu'il soit nécessaire d'appuyer sur la touche [Maj].

> *Suffixes numériques en exposant* : pour convertir les lettres en exposant dans 2e, 3e, etc.

> *Détecter automatiquement les adresses électroniques et celles de pages web* : pour les convertir directement en liens hypertextes.

> *Détecter automatiquement les listes* : pour créer automatiquement des listes à puces ou numérotées.

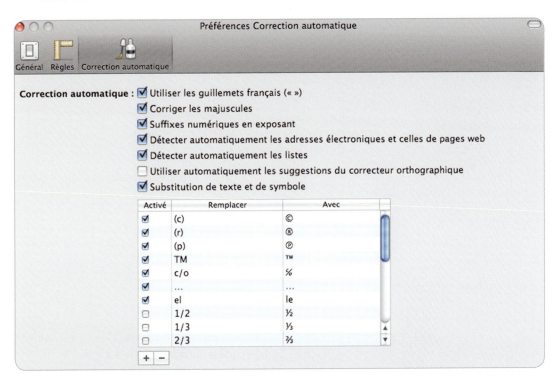

L'onglet Correction automatique

3

Ajouter des éléments

Dans ce chapitre, vous allez illustrer un article pour un journal associatif. L'opération consiste à lui ajouter des éléments comme des images, des tableaux ou des graphiques. Vous attirez ainsi l'œil de votre lecteur, qui attendra les autres numéros de votre journal si la présentation lui plaît. Pour conclure ce chapitre, vous verrez comment ajouter des numéros à vos pages afin d'organiser votre journal.

IMPORTER UNE IMAGE

Importer une image consiste à la transférer d'un emplacement sur votre disque dur vers Pages.

Le chapitre Créer un premier document avec Pages explique comment ajouter une image de la bibliothèque d'iPhoto.

Tout d'abord, ouvrez le fichier *journal.page*. L'étape suivante consiste à ajouter une image.

> **Mac Word**
>
> **iPhoto**
> iPhoto fait son apparition en 2002. C'est un éditeur et un retoucheur d'images faisant partie de la suite iLife. La dernière version date de janvier 2009. Parmi les nouveautés, vous pouvez publier vos photos directement sur Facebook et Flickr. Une fonction de tri de photos a été ajoutée. Une fonction de reconnaissance automatique de visages est désormais disponible.

Il existe d'autres méthodes d'importation à votre disposition. Vous allez importer trois images.

1/ Depuis le Finder, cliquez sur l'image *fleur.jpg*.

2/ Tout en maintenant enfoncé le bouton de la souris, faites-la glisser à droite du premier paragraphe.

Pour ajouter la deuxième image, vous pouvez utiliser cette méthode :

1/ Tout en maintenant enfoncée la touche ⌘, cliquez à l'extérieur du texte.

2/ Allez dans le menu **Insertion**. Sélectionnez la commande **Choisir**

3/ Dans la boîte de dialogue qui s'affiche, sé lectionnez l'image *fleur2.jpg* puis cliquez sur le bouton **Insérer**.

4/ Cliquez sur l'image.

5/ Faites-la glisser à droite du deuxième paragraphe.

> **Mac Célère**
>
> **Insertion/Choisir**
> Pour y accéder, utilisez le raccourci clavier ⌘+Maj+V.

Le panneau Données multimédias

Pour importer la troisième image, suivez ces étapes :

1/ Cliquez sur le bouton **Données multimédias**.

2/ Sous l'onglet **Photos**, sélectionnez la troisième image en cliquant dessus.

3/ Tout en maintenant enfoncée la touche ⌘, faites glisser l'image sur le texte.

Cette méthode nécessite d'ajuster le texte.

La troisième image positionnée

3ᵉ paragraphe

Praesent bibendum eleifend sapien, nec pulvinar turpis mattis sit amet. Sed nec erat vel dui blandit malesuada et eget quam. Fusce quis augue justo. Maecenas purus est, lacinia eget commodo at, accumsan et lacus. Etiam eros quam, mattis congue congue vitae, sagittis eu felis. Vestibulum dui viverra eu eleifend non, luctus et justo. Nunc iaculis porta sem, in gravida nisi laoreet ac. Proin vel egestas lacus. Pellentesque consectetur congue justo id facilisis. In condimentum feugiat odio, nec scelerisque sapien blandit id. Proin pharetra turpis id justo eleifend nec interdum tortor fringilla. Curabitur est sem, imperdiet a aliquet sit amet, mollis eu ipsum. Praesent erat elit, aliquam eu interdum et, pharetra a mi. Nullam egestas turpis nisl. Nullam convallis diam sapien. Nulla et interdum dolor.Sed pharetra eleifend elementum. Ut egestas mi ut nisl malesuada non volutpat lacus tempus. Lorem ipsum dolor sit amet, consectetur adipiscing elit. Curabitur viverra vehicula mattis. Aenean rhoncus sollicitudin massa, in lobortis lorem imperdiet eget. Mauris pretium, nibh et rhoncus congue, orci nisi auctor dui, et egestas erat nulla nec nulla. Ut ligula massa, fringilla quis

vestibulum vitae, rhoncus sed ante. Aliquam erat volutpat. Praesent vitae fermentum magna. Phasellus eu sapien magna, non pellentesque justo. Curabitur mi ligula, tristique vel mattis eu, tincidunt non libero. Fusce commodo velit a lacus imperdiet congue. Sed elit arcu, blandit et vestibulum vitae, scelerisque ac mauris.

AJUSTER DU TEXTE PAR RAPPORT À UNE IMAGE

Ajuster un texte par rapport à une image consiste à le répartir autour pour harmoniser l'ensemble de la présentation. Ici, l'image doit être positionnée à droite du troisième paragraphe.

1/ Cliquez dessus pour la sélectionner.

2/ Dans la barre de formats, cliquez sur le menu **Ajuster le texte**.

L'Inspecteur d'ajustement

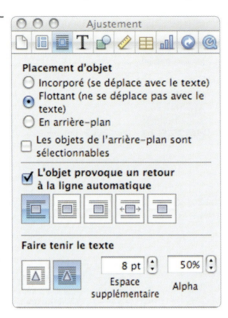

3/ Dans la liste qui s'affiche, choisissez le troisième alignement, où le texte est situé à droite du paragraphe.

4/ Cliquez sur l'icône *Inspecteur* puis sur le bouton **Inspecteur d'ajustement**.

5/ Dans la section *Faire tenir le texte*, cliquez deux fois sur la flèche vers le bas du champ *Espace supplémentaire* pour réduire l'espace entre l'image et le texte à 8 pt.

6/ Dans la section *Placement d'objet*, cochez l'option *Flottant* pour déplacer l'image sans le texte en haut du troisième paragraphe.

L'image avec le texte

Dans la section suivante, vous allez modifier les images.

MODIFIER L'ASPECT DES IMAGES

Si vous n'avez pas modifié leur apparence dans un logiciel d'édition d'images, vous pouvez réaliser cette opération dans Pages.

Les changements que vous leur apporterez n'altéreront en rien les originaux. Seule leur apparence dans Pages changera. Tout d'abord, réduisez leur taille en vous aidant des indications de déplacement.

● Utiliser les informations de déplacement

Lorsque vous déplacez un élément dans votre document, Pages affiche ses coordonnées, c'est-à-dire sa position. Les dimensions d'un élément apparaissent également quand vous redimensionnez une image.

1/ Cliquez sur l'image du premier paragraphe. Un cadre de sélection muni de poignées apparaît.

2/ Cliquez sur l'une d'entre elles.

3/ Tout en maintenant enfoncé le bouton de la souris, faites-la glisser vers le centre de l'image pour diminuer sa taille. Lors du déplacement du pointeur, des informations sur la nouvelle taille de l'image s'affichent.

4/ Relâchez le bouton de la souris lorsque vous voyez *l : 7,80 cm*, *h : 5,84 cm*.

5/ Déplacez l'image. Pour cela, cliquez dessus puis, tout en maintenant enfoncé le bouton de la souris, faites-la glisser. Des informations apparaissent sur la nouvelle position. Arrêtez-vous lorsqu'elle se trouve aux coordonnées *x : 11,18 cm*, *y : 5,15 cm*.

Une fois une image importée, vous pouvez la retoucher, c'est-à-dire améliorer son aspect.

● Retoucher une image

Inutile d'utiliser un logiciel de retouche comme iPhoto ou Photoshop. Pages permet de réaliser des retouches rapides sur vos images. Pour cela, la palette *Ajuster l'image* est proposée. Dans cette section, il s'agit de retoucher la première image.

1/ Cliquez dessus pour la sélectionner.

2/ Dans la barre de formats, cliquez sur le bouton **Ajuster l'image**. La palette du même nom s'affiche.

> Mac Malin
>
> **Ajuster l'image**
> Pour accéder aux réglages, vous pouvez passer également par le menu **Présentation/Afficher Ajuster l'image**.

3/ Faites glisser le curseur *Luminosité* vers la droite pour éclaircir l'image ou vers la gauche pour l'assombrir.

4/ Si la répartition des zones d'ombre et de lumière n'est pas assez marquée, tout en maintenant enfoncé le bouton de la souris, faites glisser le curseur *Contraste* vers la gauche pour le réduire ou vers la droite pour l'augmenter.

5/ Si votre image manque de vivacité au niveau des couleurs, faites glisser le curseur *Saturation* vers la droite.

> **Mac Malin**
>
> **Image en noir et blanc**
> Pour obtenir une image en noir et blanc, amenez le curseur *Saturation* vers la gauche.

6/ Pour rendre votre image plus chaude (rouge) au niveau des tons, faites glisser le curseur *Température* vers la droite. À l'inverse, déplacez-le vers la gauche pour obtenir des tons plus froids (bleu).

7/ Pour corriger une dominante de couleur de l'image, par exemple le rouge, faites glisser le curseur *Teinte* vers la droite. S'il y a trop de vert présent, déplacez le curseur *Teinte* vers la gauche.

8/ Si votre image est floue, vous pouvez la corriger avec le curseur *Netteté*. Pour obtenir une image plus nette, faites-le glisser vers la droite. À l'inverse, pour la rendre complètement floue, allez vers la gauche.

9/ Pour corriger une trop grande luminosité, faites glisser le curseur *Exposition* vers la gauche. À l'inverse, pour rendre certaines parties de l'image plus claires, déplacez le curseur vers la droite.

10/ En dessous de ces réglages, vous avez un histogramme des niveaux. Il s'agit de la représentation graphique de la répartition des zones d'ombre et de lumière dans votre image. Les parties les plus noires sont situées à gauche. À droite, ce sont les lumières les plus blanches. Pour ajuster les zones d'ombre, faites glisser le curseur de gauche vers le milieu. Pour régler la luminosité, déplacez le curseur de droite vers le milieu.

11/ Une fois que les réglages sont effectués, cliquez sur le bouton **Améliorer** pour les appliquer à l'image.

12/ Ensuite, si ces derniers ne vous conviennent pas, cliquez sur le bouton **Réinitialiser l'image** pour revenir aux réglages initiaux.

> **Mac Malin**
>
> **Enregistrer les réglages**
> Pour les retrouver lorsque vous ouvrirez votre document plus tard, enregistrez votre document via le raccourci clavier ⌘+S.

La palette Ajuster l'image

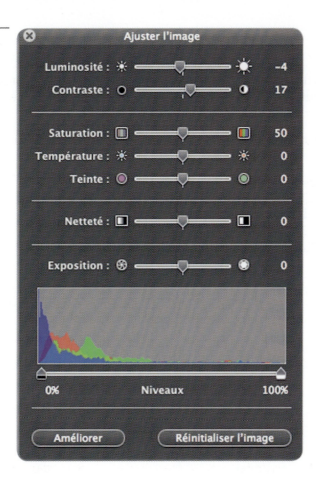

Mac Community

Les logiciels pour le Mac

Le site www.logicielmac.com liste les logiciels pour Mac par catégories. Il propose également des articles, des tutoriels, ainsi qu'un forum et des liens.

À la prochaine étape, vous allez personnaliser les contours des images.

● Ajouter un cadre

Ajouter un cadre autour d'une image permet d'améliorer son apparence et d'attirer l'attention du lecteur.

Appliquer un style de trait

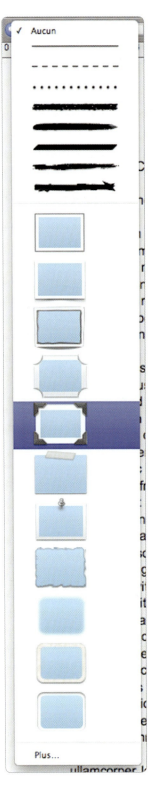

Pour ajouter un cadre à la première image, procédez comme suit :

1/ Cliquez dessus pour la sélectionner.

2/ Dans la barre de formats, cliquez sur **Style de trait**. Une liste de traits et de cadres prédéfinis s'affiche.

3/ Sélectionnez le cinquième cadre.

Au moment où vous avez cliqué sur le menu **Style de trait**, l'Inspecteur de graphismes s'est affiché. Il vous permet de personnaliser le cadre que vous avez choisi.

● Utiliser l'Inspecteur de graphismes

L'Inspecteur de graphismes est une sous-fenêtre de l'Inspecteur. Il regroupe les commandes essentielles pour modifier l'aspect d'une image.

1/   Tout en maintenant enfoncé le bouton de la souris, faites glisser le curseur *Échelle* vers la gauche pour réduire la taille du cadre à 74 %.

2/   Cochez l'option *Ombre*. Elle s'affiche en noir par défaut sur les côtés et sur l'arrière-plan de l'image.

3/   Cochez l'option *Reflet*. Ajustez son opacité. Pour cela, faites glisser son curseur vers la gauche. Réduisez-la à 36 %. Le reflet apparaît dans la partie inférieure de l'image.

**L'Inspecteur
de graphismes**

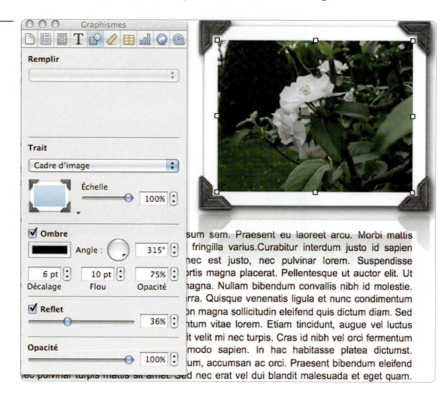

À l'étape suivante, vous ajouterez une ligne sur les contours des images restantes.

● Ajouter une ligne

Pour améliorer l'apparence d'une image, vous pouvez lui ajouter une ligne au lieu d'un cadre.

1/   Cliquez sur la deuxième image pour la sélectionner.

2/ Dans la barre de formats, cliquez sur **Style de trait**.

3/ Dans la liste qui s'affiche, sélectionnez le quatrième trait.

4/ Dans la barre de formats, cliquez sur le menu **Largeur de la ligne**.

5/ Dans la liste qui s'affiche, choisissez *3 pt*.

La bordure autour de l'image

Pour la troisième image, suivez ces étapes :

1/ Cliquez dessus pour la sélectionner.

2/ Cliquez sur l'icône *Inspecteur* puis sur le bouton **Inspecteur de graphismes**.

3/ Dans la section *Trait*, cliquez sur le premier menu déroulant.

4/ Dans la liste qui s'affiche, choisissez *Ligne*.

5/ Cliquez deux fois sur la flèche vers le haut du menu **Largeur de la ligne**.

La troisième image personnalisée

Lorsque vous importez une image, vous avez la possibilité de masquer certaines parties.

*Au chapitre **Créer un premier document avec Pages**, vous vous êtes servi du masque rectangulaire par défaut.*

À l'étape suivante, vous utiliserez une figure prédéfinie.

● Masquer une image avec une figure

Masquer une image avec une figure, c'est-à-dire un dessin géométrique ou personnalisé, consiste à rendre invisibles certaines de ses parties. L'accent est ainsi mis sur la portion de l'image la plus importante.

1/ Cliquez sur la troisième image pour la sélectionner.

2/ Dans le menu **Format**, choisissez la commande **Masquer avec une figure**.

3/ Dans la liste qui s'affiche, sélectionnez **Rectangle aux angles arrondis**.

**Les figures
prédéfinies**

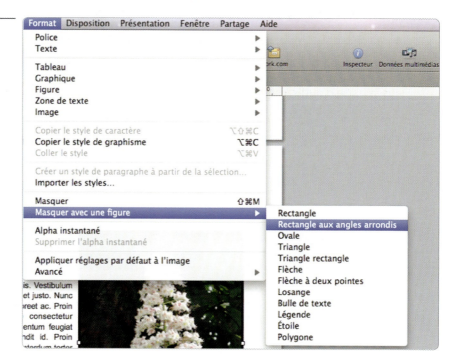

Vous êtes alors en mode Masque.

4/ Cliquez sur l'une des poignées du cadre de l'image. Tout en maintenant enfoncé le bouton de la souris, faites-la glisser en diagonale vers l'extérieur de manière à agrandir l'image.

5/ Cliquez en dehors de l'image pour valider l'opération.

**L'image
dans la figure**

Pour masquer une image avec une figure, il existe une seconde méthode. Procédez comme suit :

1/   Dans le menu **Insertion**, sélectionnez la commande **Figure**.

2/   Dans la liste qui s'affiche, choisissez la figure **Rectangle aux angles arrondis**.

3/   Faites-la glisser au centre du quatrième paragraphe. Gardez-la sélectionnée.

4/   Dans la barre d'outils, cliquez sur le bouton **Données multimédias** puis sur **Photos**.

5/   Faites glisser la quatrième image sur la figure. Un signe + (plus) indique l'ajout de l'image dans la figure.

6/   Double-cliquez dessus. Tout en maintenant enfoncé le bouton de la souris, faites glisser le contenu de l'image pour le centrer.

7/   Cliquez à l'extérieur du masque pour valider la position.

> **Mac Community**
>
> **MacMusic**
> Pour les amoureux de la musique, le site www.macmusic.org donne les dernières informations sur l'audio et la musique sur Mac (ressources, news, annonces, téléchargement…).

Si aucune de ces figures ne vous convient, vous pouvez créer la vôtre pour masquer une image.

● Masquer une image avec une figure personnalisée

Cette opération consiste à créer votre propre dessin pour rendre invisible une portion de l'image.

1/   Allez dans le menu **Insertion**. Sélectionnez la commande **Figure**.

2/   Dans la liste qui s'affiche, choisissez la commande **Dessiner à la plume**.

3/   Cliquez dans le quatrième paragraphe. Un rond blanc au contour rouge indique le premier point de la figure.

4/   Cliquez plusieurs fois à divers emplacements.

5/   Amenez le pointeur sur le point de départ. Un petit rond en regard de la plume indique que vous pouvez fermer la figure. Pour cela, cliquez dessus. La figure est alors sélectionnée.

La figure personnalisée

4e paragraphe

Aenean volutpat purus non magna sollicitudin quis gravida lectus pellentesque. Donec malesuada convallis gravida. Sed dictum elit a sapien tincidunt quis viverra ante sagittis. Donec eleifend posuere neque, nec luctus tellus auctor aliquam. Duis tincidunt mollis dolor, ac auctor lorem facilisis non. Cras ut mi ligula. Lorem ipsum dolor sit amet, consectetur adipiscing elit. Sed laoreet nunc nec quam condimentum lobortis. Integer ornare venenatis ligula, in lacinia justo feugiat a. Duis quis lacus non quam convallis molestie. Vestibulum fermentum malesuada nisl, vel eleifend urna sollicitudin id. Aliquam nec tellus erat. Ut bibendum, elit vel bibendum interdum, lorem dolor porttitor urna, viverra egestas sapien erat eu quam. Morbi nec turpis est. Nulla at neque nisl, a nec Aenean volutpat purus non magna sollicitudin quis gravida lectus pellentesque. Donec malesuada convallis gravida. Sed dictum elit a sapien tincidunt quis viverra ante sagittis. Donec eleifend posuere neque, nec luctus tellus auctor aliquam. Duis tincidunt mollis dolor, ac auctor lorem facilisis non. Cras ut mi ligula. Lorem ipsum dolor sit amet, consectetur adipiscing elit. Sed laoreet nunc nec quam condimentum lobortis. Integer ornare venenatis ligula, in lacinia justo feugiat a. Duis quis lacus non quam convallis molestie. Vestibulum fermentum malesuada nisl, vel eleifend urna sollicitudin id. Aliquam nec tellus erat. Ut bibendum, elit vel bibendum interdum, lorem dolor porttitor urna, viverra egestas sapien erat eu quam. Morbi nec turpis est. Nulla at neque nisl, a nec Aenean volutpat purus non magna sollicitudin quis gravida lectus pellentesque. Donec malesuada convallis gravida. Sed dictum elit a

6/ Faites glisser l'image *fleur4.jpg* du panneau *Données multimédias* vers le quatrième paragraphe.

7/ Tout en maintenant enfoncée la touche [Maj], cliquez sur l'image puis sur la figure.

8/ Dans le menu **Format**, sélectionnez la commande **Masquer avec la figure sélectionnée**.

9/ Le mode Masque est alors activé. Vous pouvez centrer, redimensionner l'image ou masquer certaines zones.

L'image finale

4e paragraphe

Aenean volutpat purus non magna sollicitudin quis gravida lectus pellentesque. Donec malesuada convallis gravida. Sed dictum elit a sapien tincidunt quis viverra ante sagittis. Donec eleifend posuere neque, nec luctus tellus auctor aliquam. Duis tincidunt mollis dolor, ac auctor lorem facilisis non. Cras ut mi ligula. Lorem ipsum dolor sit amet, consectetur adipiscing elit. Sed laoreet nunc nec quam condimentum lobortis. Integer ornare venenatis ligula, in lacinia justo feugiat a. Duis quis lacus non quam convallis molestie. Vestibulum fermentum malesuada nisl, vel eleifend urna sollicitudin id. Aliquam nec tellus erat. Ut bibendum, elit vel bibendum interdum, lorem dolor porttitor urna, viverra egestas sapien erat eu quam. Morbi nec turpis est. Nulla at neque nisl, a nec Aenean volutpat purus non magna sollicitudin quis gravida lectus pellentesque. Donec malesuada convallis gravida. Sed dictum elit a sapien tincidunt quis viverra ante sagittis. Donec eleifend posuere neque, nec luctus tellus auctor aliquam. Duis tincidunt mollis dolor, ac auctor lorem facilisis non. Cras ut mi ligula. Lorem ipsum dolor sit amet, consectetur adipiscing elit. Sed laoreet nunc nec quam condimentum lobortis. Integer ornare venenatis ligula, in lacinia justo feugiat a. Duis quis lacus non quam convallis molestie. Vestibulum fermentum malesuada nisl, vel eleifend urna sollicitudin id. Aliquam nec tellus erat. Ut bibendum, elit vel bibendum interdum, lorem dolor porttitor urna, viverra egestas sapien erat eu quam. Morbi nec turpis est. Nulla at neque nisl, a nec Aenean volutpat purus non magna sollicitudin quis gravida lectus pellentesque. Donec malesuada convallis gravida. Sed dictum elit a sapien tincidunt quis viverra ante sagittis.

Les images importées peuvent être positionnées en arrière-plan.

● Placer une image en arrière-plan

Placer une image en arrière-plan consiste à la mettre derrière le texte. Veillez à ce que celui-ci reste visible. Pour cela, n'hésitez pas à définir une valeur basse pour l'opacité.

1/ Utilisez la barre bleue à droite du journal pour aller à la quatrième page.

> ➡ Cliquez dessus.

> ➡ Tout en maintenant enfoncé le bouton de la souris, faites-le glisser vers le bas. Lors du déplacement, la barre d'état indique la page actuellement affichée.

> **Mac Malin**
>
> **Se déplacer de page en page**
> Pour aller directement à la troisième page, procédez comme suit :
> 1/ Dans le menu **Présentation**, sélectionnez la commande **Vignettes de page**, lesquelles apparaissent à gauche du journal.
> 2/ Cliquez sur la vignette 3 pour afficher la page correspondante.

2/ Dans la barre d'outils, cliquez sur le bouton **Données multimédias** puis sur **Photos**.

3/ Faites glisser l'image *fleur5.jpg* sur la quatrième page.

4/ Agrandissez-la en tirant sur l'une des poignées en diagonale.

5/ Dans la barre d'outils, cliquez sur l'icône *Inspecteur* puis sur le bouton **Inspecteur de graphismes**.

6/ Faites glisser le curseur *Opacité* vers la gauche jusqu'à ce que la valeur 27 % s'affiche.

7/ Cliquez sur le bouton **Inspecteur d'ajustement**.

8/ Dans la section *Placement d'objet*, cochez les options *En arrière-plan* et *Les objets de l'arrière-plan sont sélectionnables*.

Lorsque vous importez une image avec un arrière-plan, vous pouvez le supprimer avec l'outil **Alpha instantané**.

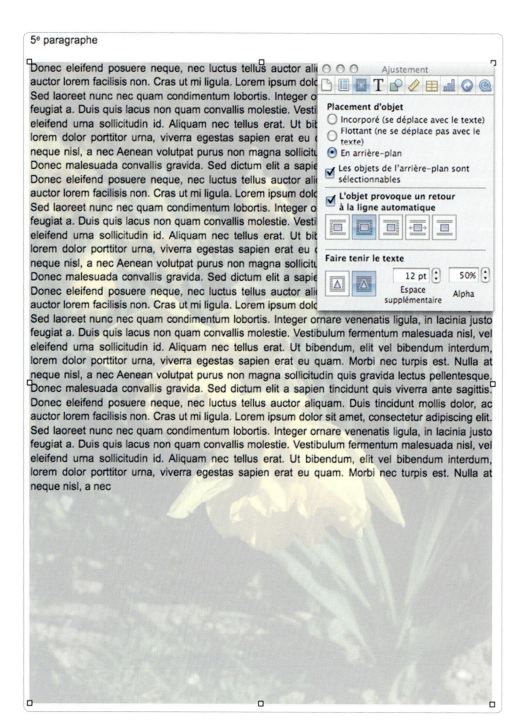

L'image en arrière-plan

● Supprimer l'arrière-plan d'une image

L'opération ne fonctionne qu'avec un arrière-plan uni. Si celui-ci est complexe, vous risquez de rencontrer des difficultés pour le supprimer.

Pour effacer le fond uni d'une image, suivez ces étapes :

1/ Dans la barre d'état, cliquez sur la flèche vers le haut plusieurs fois pour aller à la page 1.

2/ Importez l'image *fond_blanc.jpg* via le menu **Insertion**/**Choisir**, en dessous de la première image.

3/ Diminuez sa taille en faisant glisser l'une des poignées de l'image vers son centre.

4/ Dans le menu **Format**, sélectionnez la commande **Alpha instantané**.

5/ Cliquez sur le vert pour le rendre transparent. Tout en maintenant enfoncé le bouton de la souris, faites glisser le pointeur sur les zones de la même couleur. La sélection s'agrandit englobant ainsi les parties qui doivent devenir transparentes.

6/ Pour confirmer la suppression, appuyez sur la touche Entrée. Le fond devient blanc.

Le texte doit être repositionné.

1/ Cliquez sur l'icône *Inspecteur* puis sur le bouton **Inspecteur d'ajustement**.

2/ Dans la section *Placement d'objet*, cochez l'option *En arrière-plan*.

3/ Dans la section *Faire tenir le texte*, définissez un *Espace supplémentaire* de *6 pt*.

L'arrière-plan avant et après

Ces opérations vous ont permis de répartir le texte autour de l'objet au lieu du cadre de l'image. Pour restaurer les zones supprimées, utilisez la commande **Supprimer l'alpha instantané** du menu **Format**.

Mac OS Panther

Mac OS Panther ou Mac OS X 10.3 est la quatrième mise à jour du système d'exploitation Mac OS X. Panther compte près de cent cinquante nouvelles fonctionnalités, dont le support intégré du fax, de X11, des fichiers Word dans TextEdit. Le Finder est mis à jour et inclut désormais un module de recherche, comparable à celui d'iTunes.

Après avoir importé vos images, vous allez créer un tableau.

INSÉRER UN TABLEAU

Un tableau permet d'organiser des données numériques ou du texte.

1/ Allez à la deuxième page de votre article.

2/ Cliquez après le premier paragraphe puis appuyez sur la touche Entrée pour définir une ligne vide.

3/ Pour créer le tableau, utilisez l'une des méthodes suivantes :

➡ Dans la barre d'outils, cliquez sur le bouton **Tableau**.

➡ Dans le menu **Insertion**, sélectionnez la commande **Tableau**.

Le tableau s'affiche instantanément sur la page.

Le tableau

La troisième méthode consiste à dessiner le tableau.

1/ Tout en maintenant la touche ⌥ enfoncée, cliquez sur le bouton **Tableau** dans la barre d'outils.

2/ Relâchez la touche ⌥.

3/ Cliquez sur la page puis, tout en maintenant enfoncé le bouton de la souris, faites glisser le pointeur en diagonale.

4/ Relâchez le bouton pour valider votre tableau.

Une fois le tableau créé, vous allez saisir votre texte.

● Saisir du texte

Pour entrer votre texte, procédez comme suit :

1/ Double-cliquez sur la première cellule. Entrez les informations suivantes dans les cellules : de gauche à droite, saisissez FLEURS, LÉGUMES, PLANTES, Roses trémières, poireaux, citronnelle

2/ Pour aller d'une cellule à une autre, utilisez la touche [Tab] ou cliquez dans la cellule voulue.

À présent que votre texte est saisi, vous allez modifier l'apparence du tableau. Tout comme le texte, il est personnalisable. L'Inspecteur de tableaux va vous aider dans votre tâche. Tout d'abord, changez la couleur des cellules des en-têtes.

● Modifier la couleur des cellules

Modifier la couleur des cellules permet d'améliorer la présentation d'un tableau.

1/ Sélectionnez la première cellule grise. Ensuite, tout en maintenant enfoncée la touche [Maj], cliquez sur les autres cellules grises.

2/ Dans la section *Arrière-plan de cellule*, cliquez sur le menu déroulant. Dans la liste qui s'affiche, choisissez *Remplissage dégradé*.

3/ Cliquez sur le cadre de la couleur de début.

4/ Dans la palette *Couleurs*, cliquez sur le curseur de la roue des couleurs. Tout en maintenant enfoncé le bouton de la souris, faites-le glisser vers la zone bleutée.

5/ Cliquez sur le cadre de la couleur de fin. Dans la palette *Couleurs*, amenez le curseur des couleurs dans la zone verte.

6/ Cliquez sur le bouton rouge de la palette *Couleurs* pour la fermer.

> **Mac Word**
> **PowerBook**
> Les premiers PowerBook (les 100, 140 et 170), ordinateurs portables professionnels, sont mis sur le marché en octobre 1991. En 1992, une nouvelle gamme de portables, les PowerBook Duo, est lancée. Les PowerBook représentent à cette époque-là près de 40 % des ventes de portables : un vrai succès auprès des utilisateurs !

À l'étape suivante, vous allez ajouter une colonne et une ligne.

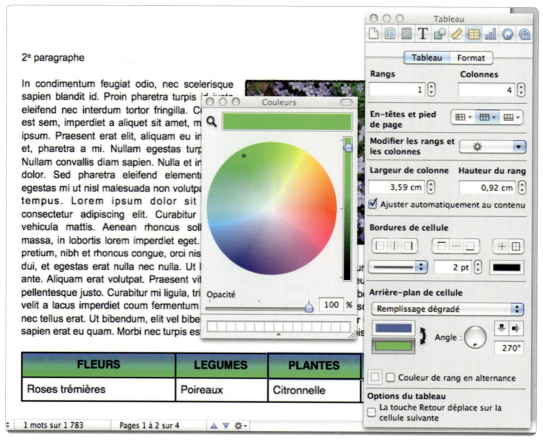

La couleur appliquée aux cellules

● Ajouter une colonne et une ligne

Ajouter une colonne ou une ligne est nécessaire lorsque vous souhaitez insérer d'autres données.

1/ Cliquez sur le tableau pour le sélectionner.

2/ Dans le champ *Colonnes*, cliquez sur la flèche vers le haut pour ajouter une colonne. Elle se place après la troisième colonne.

3/ Dans le champ *Rangs*, cliquez sur la flèche vers le bas deux fois pour supprimer deux lignes. Pour ajouter une ligne supplémentaire, il vous suffira de cliquer sur la flèche vers le haut.

4/ Dans la quatrième colonne, saisissez les textes FRUITS et Groseilles.

Ajouter une colonne ou un rang

FLEURS	LEGUMES	PLANTES	FRUITS
Roses trémières	Poireaux	Citronnelle	Groseilles

Pour ajouter une colonne et supprimer une ligne, il existe une autre méthode :

1/ Cliquez sur le tableau pour le sélectionner.

2/ Dans la barre de formats, cliquez sur la flèche vers le bas du champ *Rangs* pour supprimer une ligne.

3/ Dans la barre de formats, cliquez sur la flèche vers le haut du champ *Colonne* pour ajouter une colonne.

Mac Community

Les fonds d'écran
Le site macdesktops (http://macdesktops.com) propose de nombreux fonds d'écran pour Mac classés par catégories.

La gestion des colonnes et des lignes peut également être réalisée par le biais des commandes du menu **Format**.

● Utiliser le menu Format

Le menu **Format** permet d'ajouter un élément comme un graphique, un tableau ou une figure. Vous pouvez également l'utiliser pour ajouter ou supprimer des lignes et colonnes dans un tableau.

Pour ajouter une colonne, procédez comme suit :

1/ Sélectionnez le tableau en cliquant dessus.

2/ Dans le menu **Format**, amenez le pointeur sur la commande **Tableau**.

3/ Dans la liste qui s'affiche, cliquez soit sur la commande **Insérer une colonne avant**, soit sur la commande **Insérer une colonne après**. La colonne viendra donc se placer soit avant le tableau, soit à la suite de la troisième colonne.

Pour supprimer une ligne, suivez ces étapes :

1/ Cliquez sur la cellule de la première ligne.

2/ Dans le menu **Format**, sélectionnez les commandes **Tableau** et **Sélectionner le rang**.

3/ Choisissez de nouveau le menu **Format/Tableau**. Dans la liste qui s'affiche, cliquez sur la commande **Supprimer le rang**.

> **Mac Malin**
>
> **Supprimer une ligne**
> Cliquez du bouton droit sur la sélection. Dans le menu qui s'affiche, sélectionnez la commande **Supprimer le rang**.

À l'étape suivante, vous allez ajouter une bordure aux colonnes du tableau.

● Ajouter une bordure

Ajouter une bordure permet d'améliorer la présentation du tableau.

1/ Sélectionnez la première colonne via le menu **Format/Tableau/Sélectionner la colonne**.

> **Mac Malin**
>
> **Sélection d'une colonne**
> 1/ Cliquez sur la première cellule.
> 2/ Tout en maintenant enfoncée la touche Maj , cliquez sur la deuxième cellule de la colonne.

2/ Dans la section *Bordures de cellule* de l'Inspecteur de tableaux, cliquez sur le huitième bouton, **Bordures extérieures**.

3/ Dans le champ *Largeur de la bordure*, cliquez sur la flèche vers le haut pour augmenter la taille de la bordure de 2 pt.

4/ Recommencez les étapes 2 et 3 pour les autres colonnes.

La section Bordures de cellule

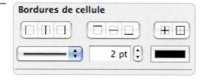

Il s'agit à présent de modifier la largeur des cellules du tableau.

● Changer les dimensions d'un tableau

Le texte dans la première cellule doit venir sur une ligne. Cela n'est pas le cas. Les dimensions de la deuxième colonne doivent être modifiées.

1/ Sélectionnez la première colonne via le menu **Format/Tableau/Sélectionner la colonne**.

2/ Dans l'Inspecteur de tableaux, cliquez sur la flèche vers le haut de l'option *Largeur de colonne* pour augmenter sa taille.

Définir la largeur de colonne

> **Mac Malin**
>
> **Redimensionner les colonnes**
> Cliquez sur le trait droit de la première colonne. Tout en maintenant enfoncé le bouton de la souris, faites glisser le trait vers la droite pour augmenter la taille de la cellule.
> Cliquez sur le trait droit de la deuxième colonne. Tout en maintenant enfoncé le bouton de la souris, faites glisser le trait vers la gauche pour diminuer la taille de la cellule.

À l'étape suivante, vous allez ajouter un graphique. Cliquez en dessous du tableau puis insérez un saut de page (**Insertion/Saut de page**). Vous disposerez ainsi de plus de place pour intégrer votre graphique.

AJOUTER UN GRAPHIQUE

Les graphiques agrémentent la présentation d'un document, comme celle d'un journal associatif.

Pour placer un graphique, utilisez l'une des méthodes suivantes :

➡ Dans la barre d'outils, cliquez sur le bouton **Graphique**. Dans la liste qui s'affiche, sélectionnez le graphique *Colonnes 3D*.

➡ Dans le menu **Insertion**, sélectionnez la commande **Graphique**. Dans le menu qui s'affiche, choisissez le graphique **Colonnes 3D**.

La troisième méthode consiste à dessiner le graphique :

1/ Tout en maintenant enfoncée la touche ⌥, cliquez sur le bouton **Graphique** dans la barre d'outils.

2/ Dans la liste, choisissez *Colonnes 3D*.

3/ Relâchez la touche ⌄.

4/ Cliquez sur la page.

5/ Tout en maintenant enfoncé le bouton de la souris, faites glisser le pointeur en diagonale jusqu'à obtenir la taille souhaitée.

6/ Relâchez le bouton de la souris pour confirmer le dessin de votre graphique.

Si le graphique ne se positionne pas en dessous du tableau, cliquez dessus. Tout en maintenant enfoncé le bouton de la souris, faites-le glisser à la bonne position.

Le graphique

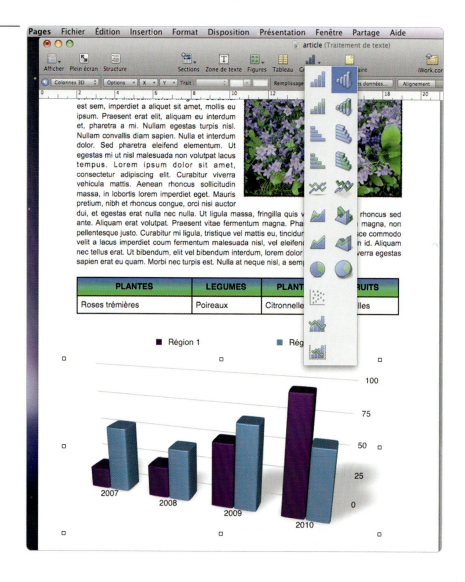

> **Mac Malin**
>
> **Graphique proportionnel**
> Lorsque vous utilisez la troisième méthode, maintenez la touche ⌈Maj⌉ enfoncée pour obtenir un graphique aux dimetnsions identiques.

Au moment où vous avez créé le graphique, l'éditeur de graphiques est apparu. Il va vous permettre de saisir vos données.

● Saisir des données

L'éditeur de graphiques est un tableau contenant au départ des données fictives.

Pour le modifier, effectuez les opérations suivantes :

1/ Cliquez sur le libellé *2007* pour sélectionner la colonne.

2/ Appuyez sur la touche ⌈Suppr⌉ pour la supprimer.

3/ Recommencez les étapes 1 et 2 pour effacer la colonne portant le libellé *2010*.

4/ Double-cliquez sur *Région 1*. Saisissez `Fleurs`. Appuyez sur la touche ⌈Entrée⌉ pour confirmer.

5/ Double-cliquez sur *Région 2*. Saisissez `Légumes`. Cliquez en dehors de la cellule pour valider la saisie.

6/ Double-cliquez dans la cellule en dessous. Saisissez `Plantes` puis confirmez votre saisie.

7/ Double-cliquez dans la cellule en dessous de *Plantes*. Entrez `Fruits` puis validez.

8/ Cliquez dans la cellule située à droite de *Plantes*. Saisissez `36`.

9/ Appuyez sur la touche ⌈Tab⌉ pour aller dans la cellule suivante. Saisissez `24`.

10/ Pour les fruits, entrez dans les cellules les chiffres `34` et `50`.

> **Mac Malin**
>
> **Ouvrir l'éditeur de graphiques**
> Si vous avez par inadvertance masqué l'éditeur de graphiques, procédez comme suit pour l'ouvrir de nouveau :
> 1/ Dans la barre d'outils, cliquez sur l'icône *Inspecteur* puis sur le bouton **Inspecteur de graphiques**.
> 2/ Cliquez sur le bouton **Modifier les données**.

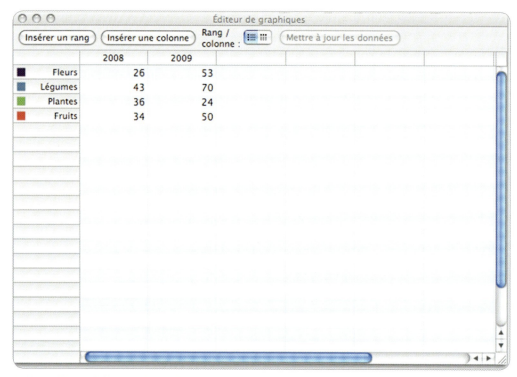

L'éditeur de graphiques et le graphique modifié

Le graphique se met automatiquement à jour. Le tableau est personnalisable. Vous pouvez changer l'ordre des données.

● Réorganiser des données

Réorganiser les données consiste à modifier l'ordre des éléments d'un tableau.

1/ Dans l'éditeur de graphiques, cliquez sur le libellé *Légumes*. La ligne est sélectionnée.

2/ Tout en maintenant enfoncé le bouton de la souris, faites-la glisser vers le bas.

3/ Relâchez le bouton lorsque la ligne *Légumes* se trouve en dessous de *Fruits*.

Une fois les données saisies, vous pouvez améliorer l'apparence de votre graphique grâce à l'Inspecteur de graphiques. Il s'affiche automatiquement lors de la création du graphique.

● Modifier un graphique

Modifier un graphique permet d'améliorer son apparence.

Pour changer l'aspect du graphique, procédez comme suit :

1/ Cliquez sur le bouton **Couleurs du graphique**.

2/ Dans la palette *Couleurs du graphique*, cliquez sur la flèche vers le bas du deuxième menu déroulant *Remplissage*.

3/ Dans la liste qui s'affiche, sélectionnez *Couleur claire*.

4/ Cliquez sur le bouton **Tout appliquer** pour modifier les couleurs du graphique actuel.

5/ Dans la section *Style d'éclairage*, cliquez sur le menu déroulant.

6/ Choisissez *Brillant* comme *Éclairage*.

7/ Cliquez sur la flèche horizontale bleue de l'icône *Angle de présentation*. Tout en maintenant enfoncé le bouton de la souris, faites glisser le pointeur dessus vers la gauche ou vers la droite pour modifier l'angle de présentation du graphique. Vous pouvez réaliser cette opération depuis la palette flottante *3D* située en dessous du graphique.

8/ Faites glisser le curseur *Profondeur du graphique* pour modifier l'aspect 3D du graphique.

Les options de mise en forme du graphique

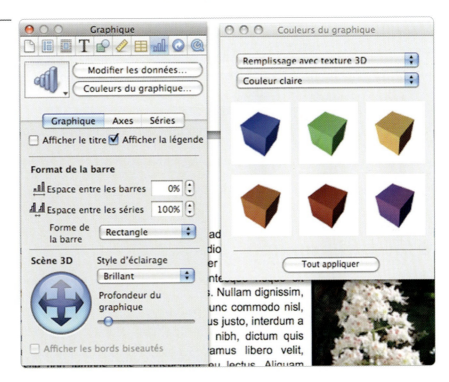

L'article commence à prendre forme. À l'étape suivante, vous allez créer des liens hypertextes.

INSÉRER UN LIEN

Un lien permet de se rendre directement par un simple clic sur un site
Internet. Vous pouvez également créer un lien pour aller à un emplacement précis du document.

L'Inspecteur de liens

1/ Allez à la troisième page de l'article.

2/ Sélectionnez les mots *www.nomdusite.com*.

3/ Dans la barre d'outils, cliquez sur l'icône *Inspecteur* puis sur le bouton **Inspecteur de liens**.

4/ Cochez l'option *Activer comme lien*.

5/ Saisissez une adresse Internet dans le champ *URL*.

> **Mac Malin**
>
> **Créer un lien**
> Pour créer un lien hypertexte, vous pouvez utiliser cette seconde méthode :
> 1/ Sélectionnez l'adresse du site.
> 2/ Dans le menu **Insertion**, sélectionnez les commandes **Lien/Page web**.

Vous pouvez saisir une autre adresse Internet.

● Modifier un lien

Modifier le lien consiste à entrer l'adresse où vous désirez vous rendre, c'est-à-dire un site Internet dans le cas présent.

1/ Dans l'Inspecteur de liens, cliquez dans le champ *URL*, à la fin de l'adresse Internet.

2/ Tout en maintenant enfoncé le bouton de la souris, faites glisser le pointeur vers la droite jusqu'au début de l'adresse.

3/ Entrez votre nouvelle adresse Internet.

Une fois que la mise en page de l'article est terminée, l'étape suivante consiste à numéroter vos pages.

INSÉRER UN NUMÉRO DE PAGE

Numéroter les pages permet de les organiser. Le lecteur peut ainsi se rendre sur la page voulue sans lire le reste du document. L'insertion d'un numéro de page peut être manuelle ou automatique.

Pour insérer un numéro de page manuellement, procédez comme suit :

1/ Cliquez à la fin de la première page.

2/ Dans le menu **Insertion**, sélectionnez la commande **Numéro de page**.

3/ Répétez les étapes 1 et 2 pour les autres pages.

4/ Dans la barre de formats, cliquez sur l'icône *Centrer le texte* afin que les numéros de page soient centrés.

Pour ajouter automatiquement vos numéros de pages, suivez ces étapes :

1/ Dans le menu **Insertion**, choisissez la commande **Pagination automatique**.

2/ Dans la fenêtre qui s'affiche, cliquez sur la flèche vers le bas du menu *Position* pour indiquer l'emplacement de vos numéros. Dans le cas présent, ils seront situés en pied de page.

Les options de pagination automatique

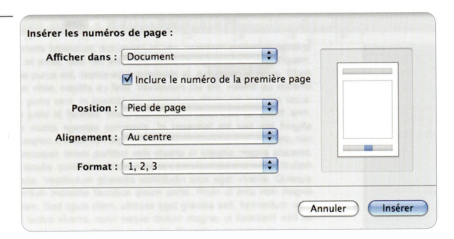

3/ Cliquez sur la flèche vers le bas du menu *Alignement*. Dans la liste qui s'affiche, sélectionnez l'option *Au centre*. À droite des options, vous pouvez visualiser la future position de vos numéros.

4/ Dans le menu *Format*, laissez l'option par défaut *1,2,3*. Si vous cliquez sur la flèche vers le bas, vous avez d'autres formats de numéros à votre disposition.

5/ Cliquez sur le bouton **Insérer**. Les numéros apparaissent automatiquement à la fin de chaque page.

Vous pouvez afficher le numéro de page ainsi que le nombre de pages total sous la forme *1/20*. Cette opération n'est possible que si vous avez opté pour la méthode manuelle d'insertion de numéros de page.

AFFICHER LE NOMBRE DE PAGES

Si vous avez besoin de connaître le nombre de pages de votre document, rien de plus simple.

1/ Avant de réaliser cette opération, effacez les numéros précédents soit manuellement à l'aide de la touche Retour, soit via le raccourci clavier ⌘+Z.

2/ Saisissez à la fin de la première page Page puis appuyez sur la barre d'espacement pour créer un espace.

3/ Dans le menu **Insertion**, sélectionnez la commande **Numéro de page**.

4/ Appuyez sur la barre d'espacement pour ajouter un espace.

5/ Saisissez / puis créez un espace.

6/ Dans le menu **Insertion**, choisissez la commande **Nombre de pages**.

7/ Recommencez les étapes 2 à 6 pour numéroter les autres pages.

Afficher le nombre de pages

in hac habitasse platea dictumst. Maecenas nisl massa, mollis in viverra bibendum, accumsan ac orci. Praesent bibendum eleifend sapien, nec pulvinar turpis mattis sit amet. Sed nec erat vel dui blandit malesuada et eget quam. Fusce quis augue justo. Maecenas purus est, lacinia eget commodo at, accumsan et lacus. Etiam eros quam, mattis congue congue vitae, sagittis eu felis. Vestibulum dui elit, viverra eu eleifend non, luctus et justo. Nunc iaculis porta sem, in gravida nisi laoreet ac. Proin vel egestas lacus. Pellentesque consectetur congue justo id facilisis.

Page 1 / 5

4

Les fonctions avancées

Dans ce chapitre, vous allez découvrir les fonctions avancées de Pages en matière de mise en page. Par le biais de deux exemples, un roman et l'envoi d'invitations, vous allez voir comment améliorer la mise en forme de ces documents : affichage et ajout d'informations, correction, structuration, sauts de page et de section, table des matières. Une fois que vous aurez personnalisé vos documents, vous pourrez les imprimer. Pour conclure ce chapitre, vous verrez comment envoyer des invitations à vos proches.

AFFICHER LES INFORMATIONS D'UN DOCUMENT

Afficher les informations d'un document vous permet de vérifier, par exemple, la date à laquelle il a été modifié ou sa taille. Si vous souhaitez l'envoyer par e-mail, il est préférable que vous ayez un œil sur cette info pour éviter d'avoir au final un document trop lourd.

1/ Ouvrez le fichier *roman.page*.

2/ Dans la barre d'outils, cliquez sur l'icône *Inspecteur*. L'Inspecteur de documents s'ouvre.

3/ Cliquez sur l'onglet **Info**.

L'onglet Info

4/ Allez dans la partie inférieure de la fenêtre. Des informations sont affichées mais elles ne peuvent pas être modifiées : mots, le nombre de pages, de lignes, de paragr aphes, de sections d'images, de caractères.

5/ Cliquez sur le bouton **Afficher les informations du fichier**. Une fenêtre **Infos** s'affiche. Elle indique d'autres informations comme sa date de création et de modification, sa taille, etc.

La fenêtre Infos

Ce sont des informations portant sur la totalité du document. Cependant, vous pouvez choisir d'afficher uniquement les statistiques d'une partie du document.

1/ Sélectionnez les deux premiers paragraphes.

2/ Dans la barre d'outils, cliquez sur l'icône *Inspecteur* puis sur l'onglet **Info** de l'Inspecteur de documents.

3/ Vous constaterez que le menu *Plage* est réglé sur l'option *Sélection*. De ce fait, les informations affichées en dessous ne concernent que les paragraphes sélectionnés.

Dans la barre d'état, vous retrouvez certaines de ces informations, comme le nombre de mots et de pages. Vous pouvez choisir de masquer le nombre de mots.

1/ Dans le menu **Pages**, sélectionnez la commande **Préférences**.

2/ Dans la fenêtre qui s'affiche, cliquez sur la case *Afficher le nombre de mots en bas de la fenêtre*.

> **Mac OS Jaguar**
>
> Mac OS X 10.2, nommé Jaguar, sort en août 2002. Il succède à Mac OS X 10.1, alias Puma. Mail pour la messagerie se dote d'un filtre anti-spam adaptatif. iChat, un client de messagerie instantanée, fait son apparition. QuickTime 6 prend désormais en charge le format MPEG-4. iDVD et iLife arrivent dans leur version 3.0.3.

Comme vous avez pu le constater, la fenêtre **Infos** de l'Inspecteur de documents vous permet d'enregistrer votre document en y intégrant des informations.

AJOUTER DES INFORMATIONS À UN DOCUMENT

Ajouter des informations au document permet de le retrouver plus facilement sur votre disque dur si vous souhaitez y apporter des modifications par la suite.

1/ Dans la barre d'outils, cliquez sur l'icône *Inspecteur*. L'Inspecteur de documents s'affiche.

2/ Cliquez sur l'onglet **Info**.

3/ Dans les champs *Auteur*, *Titre*, *Mots-clés* et *Commentaires*, saisissez vos informations. Veillez à ce qu'elles décrivent le mieux votre document pour faciliter sa recherche plus tard avec Spotlight (Mac OS X 10.5.4 et ultérieur).

Dans le cas présent, vous rédigez un roman et vous pouvez avoir besoin de noter quelques indications pour la suite de votre travail. Pour cela, Pages vous permet d'ajouter des commentaires, qui peuvent également se révéler utiles si vous partagez votre document avec d'autres utilisateurs.

INSÉRER UN COMMENTAIRE

Utilisez l'insertion de commentaires lorsque votre document doit être corrigé par une tierce personne.

Pour intégrer un commentaire, suivez ces étapes :

1/ Cliquez au début du deuxième paragraphe.

2/ Utilisez l'une de ces deux méthodes :

➡ Dans le menu **Insertion**, sélectionnez la commande **Commentaire**.

➡ Dans la barre d'outils, cliquez sur le bouton **Commentaire**.

3/ Dans la zone de texte jaune qui s'affiche, saisissez votre texte. Cliquez en dehors pour valider.

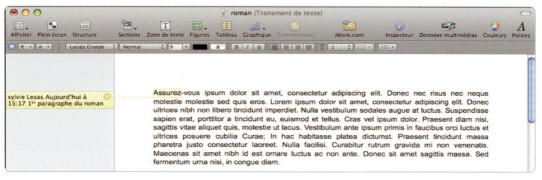

Insérer un commentaire

Comme sur un texte, vous pouvez réaliser dessus diverses opérations.

● Manipuler des commentaires

Manipuler les commentaires consiste à les modifier, à les rendre visibles ou à les supprimer.

➡ Pour supprimer un commentaire, cliquez sur le bouton en forme de croix situé dans le coin supérieur droit de la zone jaune.

➡️ Pour masquer les commentaires, cliquez sur le bouton **Afficher** de la barre d'outils.

Dans la liste qui s'affiche, sélectionnez *Masquer les commentaires*.

➡️ Pour modifier un commentaire, cliquez dans la zone jaune et saisissez votre nouveau texte.

➡️ Modifiez son apparence avec la barre de formats.

Lors de l'impression de votre document, les commentaires s'afficheront s'ils sont visibles dans votre document. Si par contre, vous les avez masqués, ils ne s'afficheront pas lors de la sortie sur papier.

Mac Community

MacQuébec
MacQuébec (www.macquebec.com) est un site d'actualités sur le Mac pour les Québécois. Vous pouvez y trouver des astuces, un podcast, ainsi que des forums d'entraide.

À présent, voyons le suivi des modifications. Cette fonction est utilisée en cas de relecture d'un document, ici un roman, par une tierce personne.

UTILISER LE SUIVI DES MODIFICATIONS

Le suivi des modifications recense la liste des modifications apportées par le relecteur. Ensuite, il s'agit pour vous de les accepter ou de les refuser.

1/ Activez le suivi de modifications. Pour cela, allez dans le menu **Edition**. Sélectionnez la commande **Suivi des modifications**. La barre de suivi des modifications s'affiche.

2/ Cliquez sur la flèche vers le bas. Pour revenir à la modification précédente, cliquez sur la flèche vers le haut.

3/ Dans la barre de suivi des modifications, cliquez sur la double flèche pour afficher la liste des modifications effectuées dans le document.

4/ Cliquez sur le bouton **Accepter** en forme de coche dans le cadre bleu pour les accepter.

5/ Cliquez sur le bouton **Rejeter** en forme de croix dans le cadre bleu pour les refuser.

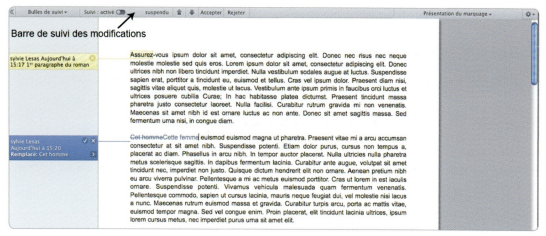

La barre de suivi des modifications

Au lieu de lister une par une les modifications apportées, vous pouvez choisir de toutes les accepter ou de toutes les refuser.

Pour cela, utilisez l'une des deux méthodes suivantes :

➡ Dans la barre de suivi des modifications, cliquez soit sur le bouton **Accepter** soit sur le bouton **Rejeter**.

Les commandes du menu Action

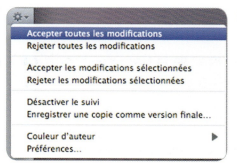

➡ Dans la barre de suivi des modifications, cliquez sur le menu **Action**. Dans la liste qui s'affiche, choisissez soit **Accepter toutes les modifications**, soit **Rejeter toutes les modifications**.

Mac Word

Steve Jobs

Steve Jobs, en compagnie de Steve Wozniak, crée Apple. En 1985, Steve Jobs est évincé d'Apple et crée en 1990 la société NeXT Computers. Avec deux ingénieurs de Lucasfilm, Edwin Catmull et Alvin Ray Smith, il est à l'origine du studio d'animations Pixar. Il revient chez Apple comme consultant en 1996. Un an plus tard, il en devient le PDG.

Pour désactiver le suivi des modifications, utilisez l'une des méthodes suivantes :

➡ Dans la barre de suivi des modifications, cliquez sur le menu **Action**. Dans la liste des commandes qui s'affiche, sélectionnez **Désactiver le suivi**.

➡ Dans le menu **Edition**, choisissez la commande **Désactiver le suivi**.

Vous pouvez arrêter momentanément le suivi des modifications.

1/ Dans la barre de suivi des modifications, cliquez sur le bouton **Suspendu**.

2/ Pour reprendre le suivi, cliquez sur **Activé**. Lorsque vous interrompez le suivi, les modifications apportées précédemment sont conservées mais ne sont plus affichées.

Les pages d'un document peuvent avoir une mise en page différente. Dans le cas présent, la préface n'aura pas de numéro de page, son en-tête ne sera pas repris sur le chapitre I, etc.

INSÉRER DES SECTIONS

Les sections permettent de créer des parties distinctes dans un document. La mise en page de la préface sera différente de celle des chapitres.

Pour créer une section, procédez comme suit :

1/ Cliquez au début du premier paragraphe de la page 1. La section va être créée à cet emplacement.

2/ Appuyez sur la touche ⌨Entrée⌨ pour créer une ligne vide. Placez-vous dessus en appuyant une fois sur la touche ⌨↑⌨ du clavier.

3/ Pour insérer une section, utilisez l'une de ces méthodes :

➡ Dans la barre d'outils, cliquez sur le bouton **Sections**.

➡ Dans la liste qui s'affiche, sélectionnez *Vierge* pour créer une page vide avant les chapitres.

➡ Dans le menu **Insertion**, sélectionnez la commande **Saut de section**. Une page vide est créée.

Dans un long document comme ce roman, des éléments répétitifs, tels le numéro et le titre du chapitre, les numéros de page, doivent y figurer. Ces éléments seront placés respectivement dans un en-tête et un pied de page. Tout d'abord, vous devez modifier la section.

● Modifier une section

Modifier une section évite d'avoir par exemple le même en-tête d'une page à une autre.

1/ Cliquez sur l'icône *Inspecteur* puis sur le bouton **Inspecteur de disposition**.

2/ Cliquez sur l'onglet **Section**.

3/ Dans la section *Configuration*, cochez l'option *La première page est différente*.

4/ Décochez l'option *Utiliser les en-têtes et les pieds de page précédents*.

Les options de l'onglet Section

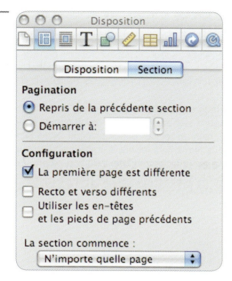

À la prochaine étape, vous allez créer un en-tête.

● Ajouter un en-tête et un pied de page

L'en-tête est situé en haut de la page. Le plus souvent, il indique le titre du document. À l'inverse, le pied de page figure en bas de page. Vous y trouvez généralement le numéro de la page.

Pour ajouter un en-tête, procédez comme suit :

1/ Affichez la mise en page du roman. Pour cela, cliquez sur le bouton **Afficher** dans la barre d'outils. Dans la liste qui s'affiche, sélectionnez *Afficher la mise en page*. Vous vous apercevez qu'une zone de texte vide est située en haut de la première page.

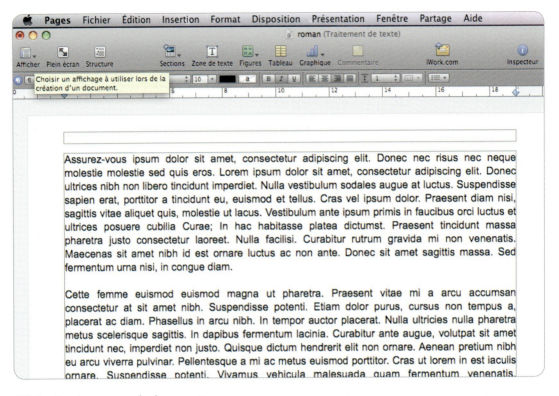

Afficher la mise en page du document

2/ Cliquez dans cette zone puis saisissez le texte `Préface`.

3/ Dans la barre de formats, cliquez sur le bouton **I** puis sur le bouton **Aligner à droite**. Le texte est désormais en italique et aligné à droite.

4/ Cliquez en haut de la deuxième page.

5/ Saisissez `Chapitre 1 - Genèse`.

6/ Appliquez au texte un format italique et un alignement centré.

L'en-tête de page

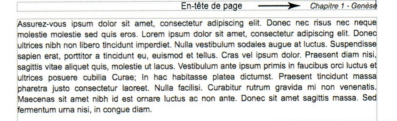

Vous constaterez que les pages suivantes ont désormais le même en-tête.

Pour insérer un pied de page, suivez ces étapes :

1/ Cliquez dans la zone de texte située en bas de la deuxième page. Dans le menu **Insertion**, sélectionnez la commande **Numéro de page**.

2/ Alignez le numéro au centre via le bouton **Centrer** de la barre de formats. C'est le chiffre 2 qui s'inscrit.

Le pied de page

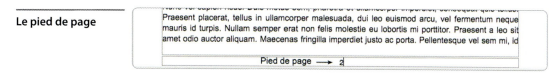

Cette numérotation peut être corrigée.

Modifier la numérotation d'un document

Modifier la numérotation du document consiste à changer les numéros des pages.

Pour commencer la numérotation à partir du chiffre 1, procédez comme suit :

1/ Cliquez dans le pied de page de la deuxième page.

L'Inspecteur de disposition

2/ Dans l'Inspecteur de disposition, cliquez sur l'onglet **Section**.

3/ Procédez aux réglages suivants :

➦ Dans la section *Configuration*, cochez l'option *Recto et verso différents*.

➦ Dans la section *Pagination*, cochez l'option *Démarrer à*. La pagination démarre bien à partir du chiffre 1.

Pour ajouter les autres numéros de page, suivez ces étapes :

1/ Cliquez dans le pied de page de la troisième page.

2/ Dans le menu **Insertion**, sélectionnez la commande **Pagination automatique**.

3/ Dans la fenêtre qui s'affiche, décochez l'option *Inclure le numéro de la première page*.

4/ Dans le menu *Alignement*, choisissez un alignement *Au centre*.

5/ Cliquez sur le bouton **Insérer**. Les numéros sont ajoutés aux pages.

Les options de pagination

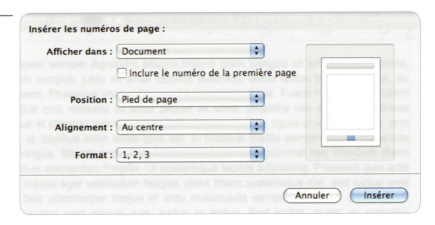

Lorsque vous travaillez sur un long document, par exemple un article ou un rapport pour votre association, il est préférable de créer au préalable un plan. Pour cela, vous utiliserez le mode Structure.

STRUCTURER UN DOCUMENT

Structurer un document consiste à l'organiser de manière à faciliter sa lecture et sa compréhension. Pour créer un plan, vous pouvez vous baser sur un modèle ou créer le vôtre manuellement en mode Structure.

● Partir d'un modèle

Pages propose différents modèles d'organisation de documents que vous pouvez modifier.

Pour réaliser un plan, suivez ces étapes :

1/ Dans le menu **Fichier**, sélectionnez la commande **Créer à partir de la liste de modèles**. La fenêtre du même nom s'affiche.

2/ Dans la catégorie *Traitement de texte*, cliquez sur *Structures*. Les modèles sous forme de vignettes s'affichent.

3/ Double-cliquez sur *Structure Harvard*.

4/ Le plan s'affiche. Il ne vous reste plus qu'à remplacer le texte par le vôtre.

Le mode Structure

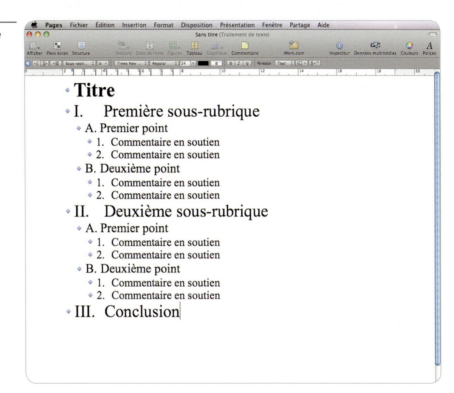

À l'étape suivante, vous allez créer le plan de votre roman à partir d'une feuille blanche.

● Utiliser un document vierge

Le document vierge est une feuille sans aucune information.

Pour utiliser un document vierge, procédez comme suit :

1/ Dans la fenêtre **Liste de modèles**, double-cliquez sur le modèle *Vierge*.

2/ Dans la barre d'outils, cliquez sur le bouton **Structure**. Une puce sous la forme d'un losange s'affiche indiquant ainsi le premier niveau de votre plan.

3/ Saisissez le premier titre `chapitre I`.

4/ Appuyez sur la touche `Tab` pour ajouter un niveau 2, c'est-à-dire pour descendre d'un niveau.

5/ Entrez le texte `1ᵉʳ janvier 1901`.

6/ Appuyez sur la touche `Entrée` pour continuer votre plan au même niveau.

7/ Saisissez `20 février 1901` puis allez à la ligne suivante en appuyant sur la touche `Entrée`.

8/ Dans la barre de formats, cliquez sur le bouton **Niveau supérieur** pour créer un titre de niveau 1.

9/ Saisissez le texte `Chapitre 2` puis allez à la ligne suivante.

10/ Dans la barre de formats, cliquez sur le bouton **Niveau inférieur**.

11/ Entrez le texte `24 juin 1901`.

MacBook Air

Le MacBook Air est le plus petit des ordinateurs portables d'Apple. Muni d'un écran LCD 13,3" à rétro-éclairage LED, il est équipé au départ d'un processeur Intel Core 2 Duo cadencé à 1,6 GHz et de 2 Go de mémoire vive. Il est présenté en janvier 2008 à San Francisco à l'ouverture du salon MacWorld. En octobre 2008, le disque dur Serial ATA 120 Go remplace le disque dur PATA de 80 Go. En juin 2009, le MacBook est mis à jour. Il possède désormais un processeur cadencé à 1,86 GHz pour le modèle de base. Quant au modèle haut de gamme, il est équipé d'un processeur de 2,13 GHz.

MacWord

Pour réaliser la suite du plan, procédez comme suit :

1/ Appuyez sur la touche `Entrée` puis saisissez le texte `13 mars 1901`.

2/ Appuyez de nouveau sur la touche `Entrée`.

3/ Dans la barre de formats, cliquez sur le bouton **Niveau supérieur**.

4/ Saisissez le texte `Chapitre 3`.

5/ Appuyez de nouveau sur la touche `Tab` pour descendre d'un niveau supplémentaire.

6/ Entrez le texte `29 septembre 1901`.

7/ Cliquez après le texte `1er Janvier 1901` puis appuyez sur la touche `Entrée`.

8/ Dans la barre de formats, cliquez sur le bouton **Convertir en corps** afin d'écrire un résumé de la section.

● Modifier un plan

Modifier le plan consiste à réorganiser les niveaux. La section *13 mars 1901* doit se trouver avant la section *24 juin 1901*.

1/ Cliquez sur la petite icône de la section *13 mars 1901*.

2/ Tout en maintenant enfoncé le bouton de la souris, faites-la glisser au-dessus de la section *24 juin 1901*.

Le plan du roman

◆ **Chapitre 1 - Genèse**
  ◆ 1er Janvier 1901
    − Lorem ipsum Lorem ipsum Lorem ipsum Lorem ipsum Lorem ipsum lorem
    − Lorem ipsum Lorem ipsum
  ◆ 20 Février 1901
◆ **Chapitre 2**
  ◆ 13 Mars 1901
  ◆ 24 Juin 1901
◆ **Chapitre 3**
  ◆ 29 Septembre 1901

Vous pouvez inclure une image dans un plan :

1/ Cliquez après la section *13 mars 1901*.

2 Appuyez sur la touche `Entrée`.

3/ Dans la barre d'outils, cliquez sur le bouton **Données multimédias** puis sur **Photos**.

4/ Faites glisser la photo *fleur.jpg* à l'emplacement prévu. L'image s'affiche à la taille réelle.

Afficher la photo dans le plan

Afficher des objets

5/ Dans la barre de formats, cliquez sur le bouton **Affichage des objets**.

6/ Dans la liste qui s'affiche, sélectionnez *Vignette*.

La barre de formats possède des options qui permettent d'agir sur le plan :

➡ Pour convertir une section 2 en section 1 par exemple, cliquez sur le bouton **Niveau supérieur**. Vous pouvez également utiliser le menu **Style de paragraphe**.

➡ Pour afficher uniquement les niveaux 1, cliquez sur la flèche vers le bas du menu **Niveaux**. Dans la liste qui s'affiche, sélectionnez *1*.

Ensuite, désactivez le mode Structure en appuyant de nouveau sur le bouton **Structure** de la barre d'outils.

À la prochaine étape, vous allez effectuer les dernières corrections avec la fonction de recherche et de remplacement.

RECHERCHER ET REMPLACER

Cette fonctionnalité permet de rechercher et de corriger un texte dans un document, dans le cas présent votre roman. Pages propose, dans le menu Edition, deux commandes de recherche différentes.

● Réaliser une recherche

Réaliser une recherche consiste à rechercher du texte dans un document pour le modifier ou le supprimer.

1/ Après le chapitre 2 de votre plan, saisissez le texte – `Dans le château de mon enfance.`

2/ Saisissez, après le chapitre 3, le texte `Tous ensemble dans le château.`

3/ Dans le menu **Edition**, amenez le pointeur jusqu'à la première commande **Rechercher** puis choisissez **Rechercher**. Une colonne *Rechercher* s'affiche à droite du document.

4/ Dans le champ *Recherche*, saisissez `Dans le château.`

5/ Les résultats de la recherche s'affichent. Si vous ne les voyez pas en entier, cliquez à droite de la colonne. Le pointeur se transforme en double flèche.

6/ Tout en maintenant enfoncé le bouton la souris, faites glisser le trait vertical vers la droite pour agrandir la colonne *Recherche*.

7/ Cliquez sur le premier résultat. Il s'affiche dans un cadre gris dans le roman.

Rechercher un mot

8/ Saisissez le nouveau texte `Au château.`

Une autre méthode consiste à faire appel à la fonction **Rechercher et remplacer**, qui permet de réaliser des recherches manuelles et avancées.

● Utiliser la fonction Rechercher et remplacer

La fonction **Rechercher et remplacer** permet de saisir et de modifier le texte directement dans une boîte de dialogue.

1/ Dans le document, saisissez, après *Chapitre 3*, le texte `L'été indien` au lieu du texte actuel.

2/ Double-cliquez sur le mot *indien* pour le sélectionner.

3/ Dans le menu **Edition**, sélectionnez la commande **Rechercher**, puis choisissez **Rechercher** dans la liste. Une fenêtre s'affiche.

4/ Dans le champ *Rechercher*, le mot *indien* est déjà indiqué.

5/ Dans le champ *Remplacer*, indiquez le mot de remplacement `chaud`.

6/ Cliquez sur le bouton **Rechercher et remplacer**. Le mot *indien* est automatiquement remplacé par *chaud*.

La fenêtre
Rechercher et
remplacer

7/ Si vous souhaitez réaliser une recherche plus avancée, cliquez sur l'onglet **Avancé**, qui offre plus de critères de recherche : style, mots entiers, casse, etc.

À l'étape suivante, vous allez créer la table des matières de votre roman.

CRÉER UNE TABLE DES MATIÈRES

La table des matières représente l'enchaînement ainsi que l'emplacement des chapitres dans un roman.

Si vous affichez le tiroir des styles, vous voyez les styles qui ont été appliqués aux sections : *Sous-section 1*, *Sous-section 2*, *Corps*. Vous pouvez leur donner un nom plus explicite pour vous faciliter la tâche lorsque vous allez créer la table des matières.

1/ Cliquez sur la sous-section 1 dans la page.

2/ Dans le tiroir des styles, cliquez sur le triangle noir.

3/ Sélectionnez *Renommer le style*.

4/ Le nom initial figure dans un cadre bleu. Cliquez dessus puis saisissez `Titre chapitre`.

5/ Répétez ces étapes pour la sous-section 2. Renommez-la `Titre Section 2`.

Une fois les styles renommés, vous pouvez créer la table des matières.

Les paramètres de la table des matières

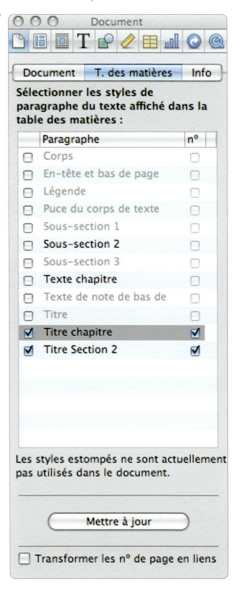

1/ Dans la barre d'outils, cliquez sur l'icône *Inspecteur* puis sur le bouton **Inspecteur de documents**.

2/ Cliquez sur l'onglet **T. des matières**.

3/ Cochez les cases en regard des styles de paragraphe *Titre chapitre* et *Titre Section 2* à utiliser pour la table des matières.

4/ Dans la colonne des numéros des pages, cochez les cases de ces styles.

5/ Cliquez en haut de la page du plan où doit être située la table des matières.

4 / Les fonctions avancées

6/ Dans le menu **Insertion**, sélectionnez la commande **Table des matières**.

La table des matières

Chapitre 1 - Genèse	**1**¶
1er Janvier 1901	*1*
20 Février 1901	*2*
Chapitre 2 - Dans le château de mon enfance	**2**¶
13 Mars 1901	*2*
24 Juin 1901	*2*
Chapitre 3 - L'été chaud	**2**¶

Mac Community

MacADSL
Le site (www.macadsl.com) relate l'actualité de l'ADSL pour Mac. Des informations, des tutoriels vous sont proposés pour que vous profitiez au mieux de votre connexion Internet. Un forum vous permet de demander de l'aide en cas de problèmes.

Pour le moment, les pages portent le numéro 1. La numérotation se mettra automatiquement à jour lorsque vous débuterez l'écriture de votre roman.

Pour voir les modifications de la numérotation, procédez comme suit :

1/ Cliquez au début du chapitre 2 dans le plan.

2/ Dans le menu **Insertion**, sélectionnez la commande **Saut de page**.

3/ Revenez sur la page 1. Le numéro de page des chapitres 2 et 3 a changé.

Vous pouvez apporter des modifications aux titres des sections de votre plan. Les changements se répercuteront sur la table des matières.

● Modifier une table des matières

Modifier la table des matières consiste à changer le titre des chapitres.

1/ Saisissez dans le plan à la suite de *Chapitre 1, - Genèse*.

2/ Sous l'onglet **T. des matières** de l'Inspecteur de documents, cliquez sur le bouton **Mettre à jour**. Le texte a été ajouté à la table des matières.

3/ À la suite de *Chapitre 2*, saisissez `- Au château`.

4/ Cliquez dans la table des matières située au-dessus du plan. Elle se met automatiquement à jour.

Si vous oubliez de mettre à jour la table des matières, les modifications seront prises en compte automatiquement à la fermeture du document.

> **Mac Word**
>
> **Mac Pro**
> Le Mac Pro est le successeur du Power Mac. Il est doté de deux processeurs Quadri-cœurs Xéon Nehalem d'Intel (soit huit processeurs). Il peut contenir jusqu'à 32 Go de mémoire RAM et 4 To d'espace de stockage sur le disque dur. Cette station de travail a été présentée lors de la WWDC d'août 2006. Elle a été mise à jour en mars 2009.

Une fois le roman mis en page et corrigé, vous pouvez en imprimer une partie ou la totalité.

IMPRIMER DES DOCUMENTS

L'impression d'un document fournit une version sur papier. Avant de l'imprimer, il est recommandé d'utiliser la commande Aperçu avant l'impression.

● Aperçu avant impression

Cela vous permet de le vérifier une dernière fois avant de l'imprimer. De ce fait, vous économisez de l'encre et du papier.

1/ Dans le menu **Fichier**, sélectionnez la commande **Imprimer**.

2/ Cliquez sur le bouton **Aperçu**.

3/ Si vous n'avez pas besoin d'apporter des modifications au document, cliquez sur le bouton **Imprimer**. À l'inverse, si des corrections doivent être réalisées, cliquez sur le bouton **Annuler**.

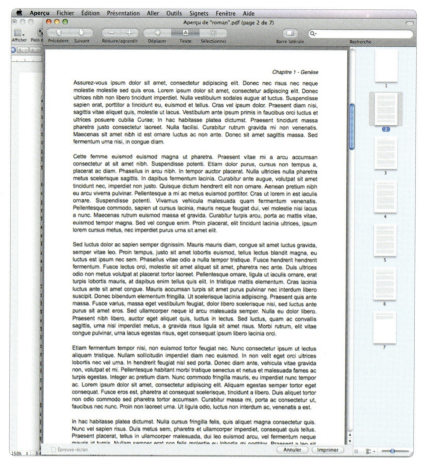

La fenêtre Aperçu d'impression

Une fois que vous avez vérifié votre document, imprimez-le.

● Imprimer un document

Pour imprimer un document, vous disposez de différentes options, pour préciser par exemple les pages que vous souhaitez imprimer ainsi que le nombre d'exemplaires.

1/ Dans le menu **Fichier**, choisissez la commande **Imprimer**. Une fenêtre s'affiche.

2/ Dans la liste déroulante *Imprimante*, sélectionnez le nom de votre imprimante.

3/ Cliquez sur la grande flèche bleue vers le bas située en regard de la liste *Imprimante*. D'autres options s'affichent.

Les options d'impression

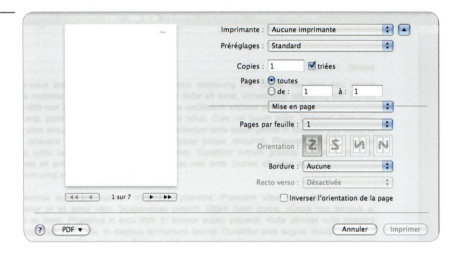

4/ Dans le champ *Copies*, indiquez le nombre d'exemplaires du roman que vous souhaitez imprimer. Dans le cas présent, *1* copie est suffisante.

5/ Comme un roman compte plusieurs centaines de pages, il est préférable de choisir les pages à imprimer. Pour cela, cochez l'option *de*. Dans le champ situé en regard, spécifiez la page de début ainsi que la dernière page. Pour imprimer le roman dans sa totalité, cochez l'option *toutes*.

6/ Cliquez sur le bouton **Imprimer** pour débuter l'impression.

Passons pour finir à la fonction de publipostage.

CRÉER UN PUBLIPOSTAGE

Un publipostage permet d'envoyer un même document à plusieurs personnes figurant dans le Carnet d'adresses ou dans un document Numbers.

*Pour savoir comment importer des données du Carnet d'adresses dans une feuille de calcul, reportez-vous au chapitre **Modifier l'apparence d'une feuille de calcul**.*

Dans le cas présent, vous allez envoyer des invitations à vos amis et proches. Pour commencer, vous allez créer les champs de fusion.

4 / Les fonctions avancées

Insérer des champs de fusion

Les champs de fusion sont en fait les adresses des destinataires du document.

Pour ajouter des champs de fusion, suivez ces étapes :

1/ Ouvrez la fenêtre **Liste des modèles**.

2/ Dans la catégorie *Mise en page*, cliquez sur *Cartes et invitations*.

Le modèle Invitation à une fête

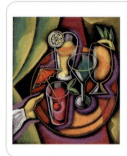

3/ Dans la liste des modèles, double-cliquez sur *Invitation à une fête*.

4/ Double-cliquez après le point d'exclamation puis appuyez sur la touche Entrée deux fois.

5/ Dans le menu **Insertion**, sélectionnez les commandes **Champ de fusion/Nom** puis **Nom**.

6/ Cliquez après le nom.

7/ Dans le menu **Insertion**, choisissez les commandes **Champ de fusion/Nom** puis **Prénom**.

8/ Appuyez sur la touche Entrée pour aller à la ligne.

9/ Dans le menu **Insertion**, sélectionnez les commandes **Champ de fusion/Adresse**. Dans la liste qui s'affiche, choisissez le champ de fusion **Rue (bureau)**.

10/ Allez à la ligne suivante puis insérez les champs **Code postal (bureau)** et **Ville (bureau)** via le menu **Insertion/Champ de fusion/Adresse**.

Les champs de fusion

Aux prochaines étapes, vous allez fusionner ces champs avec les données du Carnet d'adresses du Mac.

● Fusionner des champs de fusion

Avant d'insérer les données du Carnet d'adresses, vous allez créer un groupe de contacts. Si vous ne le faites pas, Pages fusionnera les champs avec toutes les adresses figurant dans votre Carnet d'adresses.

1/ Dans le Dock, cliquez sur le Carnet d'adresses.

2/ Dans la colonne *Groupe*, cliquez sur la croix pour créer un groupe.

3/ Saisissez le texte `Test` puis appuyez sur la touche `Entrée` pour confirmer.

4/ Dans la colonne *Groupes*, cliquez sur le groupe *Toutes*.

5/ Cliquez sur une adresse de l'un des contacts devant recevoir l'invitation. Tout en maintenant enfoncé le bouton de la souris, faites-la glisser vers le nom de votre nouveau groupe.

6/ Répétez l'opération pour les autres contacts.

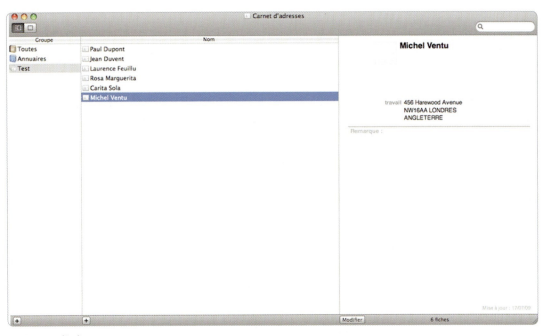

Le Carnet d'adresses

7/ Une fois le groupe de contacts créé, retournez dans Pages.

Pour fusionner les champs de fusion, procédez comme suit :

1/ Dans le menu **Edition**, sélectionnez la commande **Fusion d'adresse électronique**.

> **Sélectionnez une source de fusion d'adresse électronique**
>
> ● Carnet d'adresses
> ○ Document Numbers :
>
> Groupe du Carnet d'adresses : [Test   ▴▾]
>
> ▸ Champs de fusion
>
> **Fusionner vers :**
> [Envoyer à l'imprimante ▴▾] ☑ Remplacez la correspondance la plus proche (c'est-à-dire,
> remplacez une adresse privée manquante par
> une adresse professionnelle).
>
> (Annuler)   (**Fusionner**)

2/ Dans la boîte de dialogue qui s'affiche, vérifiez que l'option *Carnet d'adresses* est cochée.

3/ Dans la liste déroulante *Groupe du Carnet d'adresses*, choisissez le nom du groupe de contacts que vous avez créé.

4/ Dans le menu **Fusionner vers**, sélectionnez l'option *Envoyer à l'imprimante*. Vous pouvez également créer un nouveau document avec les données fusionnées.

5/ Cliquez sur le bouton **Fusionner**.

6/ Dans la fenêtre **Imprimer**, cliquez sur le bouton **Aperçu**. Les champs de fusion ont été remplacés par les données du Carnet d'adresses.

Créer une feuille de calcul

Numbers permet de créer et de gérer des informations sous la forme de tableaux. Avant de saisir vos données, vous devez ouvrir le programme, c'est-à-dire afficher son interface. Pour réaliser cette opération, vous disposez de différentes méthodes. Une fois le logiciel à l'écran, vous apprendrez à créer une feuille de calcul par le biais de la réalisation d'une facture. Vous poursuivrez par un tour d'horizon de l'interface avant de saisir vos données dans le tableau. Les modèles seront ensuite abordés. Vous continuerez avec l'utilisation de formules de calcul. Pour finir, vous verrez comment naviguer au sein de votre feuille de calcul.

OUVRIR NUMBERS

Comme tous les programmes, celui-ci est installé par défaut dans le dossier Applications du Mac.

Pour le lancer, c'est-à-dire l'afficher à l'écran, procédez comme suit :

1/ Double-cliquez sur le dossier *Macintosh HD* pour ouvrir son contenu.

2/ Double-cliquez sur le dossier *Applications* pour afficher la liste des logiciels installés puis sur le dossier *iWork'09* et sur l'icône *Numbers*.

Une fois Numbers lancé, il s'ouvre sur la fenêtre **Liste des modèles**. Pour la création de feuille de calcul, Numbers propose des modèles prédéfinis. Dans le cas présent, il s'agit de réaliser une facture à partir d'un document vierge.

CRÉER UNE FEUILLE DE CALCUL

Les documents dans Numbers sont des feuilles de calcul. Il s'agit de données numériques représentées le plus souvent sous la forme de tableaux. Elles seront calculées automatiquement grâce à des formules prédéfinies ou personnalisées.

Pour créer une feuille de calcul, suivez ces étapes :

1/ Lancez Numbers. La fenêtre **Liste de modèles** s'affiche. Dans la barre latérale gauche, cliquez sur la catégorie *Vierge*. Dans le volet de droite, vous avez le choix entre *Vierge* et *Liste de pointage* :

➜ *Vierge* est une feuille de calcul blanche au format portrait (21 × 29,7 cm).

➜ *Liste de pointage* permet par exemple de lister les tâches à effectuer.

2/ Ouvrez le modèle *Vierge*. Pour cela, utilisez l'une de ces méthodes :

➜ Double-cliquez dessus.

➜ Cliquez dessus puis cliquez sur le bouton **Choisir**.

Numbers s'ouvre sur une feuille de calcul vide. Elle est nommée par défaut *Sans titre*. Pour commencer, examinons l'interface.

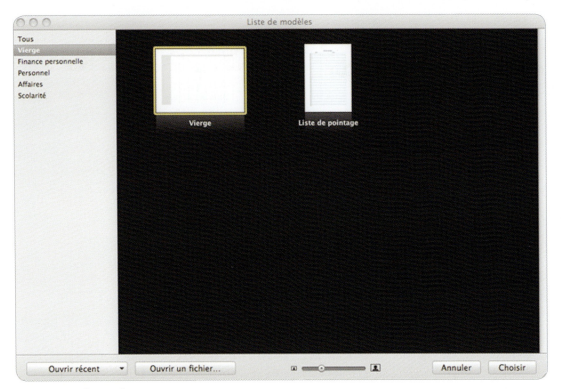

Les modèles de Numbers

PRÉSENTATION DE L'INTERFACE

L'interface de Numbers se compose de menus, d'une barre de titre, d'une barre d'outils, d'une barre de formats, d'une barre de formule, de l'arborescence de la feuille, de la fenêtre Styles, d'une liste de boutons de calcul automatique, d'une feuille de calcul vierge ainsi que d'une barre d'état.

Les menus sont situés en haut de l'interface. Ils contiennent les commandes permettant de réaliser diverses manipulations sur la feuille de calcul, comme insérer un tableau.

En dessous des menus, vous trouvez la barre de titre. Elle affiche le nom par défaut *Sans titre* de la feuille de calcul.

Ensuite, vous avez la barre d'outils. Elle contient des boutons sous forme d'icônes avec en dessous leur nom. Ils permettent l'accès rapide aux commandes que vous pouvez trouver dans les menus. Si vous placez le pointeur sur un bouton, une info-bulle indique à quoi il sert.

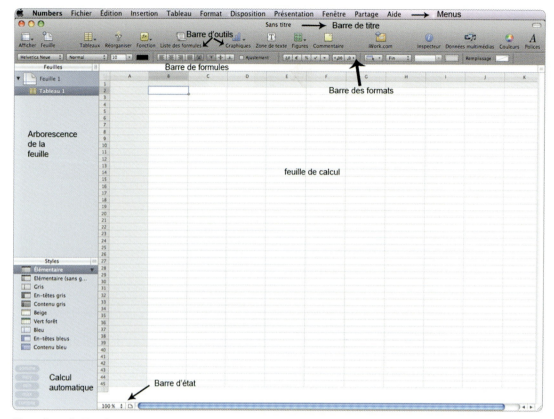

L'interface de Numbers

Pour mettre en forme un tableau, vous aurez besoin de la barre de formats, qui est composée de différentes options.

Concernant la barre de formule, elle permet de saisir et de modifier vos formules. Vous pouvez également vous en servir pour saisir du texte.

À gauche de la feuille de calcul, vous avez l'arborescence de la feuille, dont elle liste les éléments (graphiques et tableaux).

En dessous, la fenêtre **Styles** affiche une liste de styles prédéfinis à appliquer à vos tableaux.

En bas de cette barre latérale, vous disposez d'une liste de boutons de calcul automatique. Elle affiche instantanément le calcul des cellules sélectionnées.

À droite de cette barre, vous trouvez une feuille de calcul, qui contient par défaut un tableau. Il est composé de :

➡️ cases (cellules) ;

➡️ lignes horizontales (rangées) ;

➡️ lignes verticales (colonnes).

La première ligne contient les en-têtes des colonnes nommées A, B, C. Les rangées sont numérotées. Une cellule peut contenir des chiffres ou du texte. Les en-têtes de colonne et les numéros de ligne permettent de désigner une cellule. Par exemple, la cellule B2 correspond à la cellule située à l'intersection entre la colonne B et la ligne 2.

En dessous de la feuille de calcul, une barre d'état permet de modifier le zoom d'affichage de la feuille de calcul. L'icône en forme de feuille de calcul vous donne la possibilité d'afficher ou de masquer l'aperçu avant impression.

L'interface de Numbers est personnalisable.

● Personnaliser l'interface

Vous pouvez modifier l'interface selon vos besoins et disposer de plus d'espace pour travailler.

Pour personnaliser l'interface, suivez ces étapes :

1/ Affichez les éléments via les commandes du menu **Présentation**. Utilisez également ce menu pour masquer ceux dont vous n'avez pas besoin. Vous pouvez également utiliser le menu **Afficher** de la barre d'outils.

2/ Ajoutez ou masquez les boutons de la barre d'outils :

➡️ Dans le menu **Présentation**, sélectionnez la commande **Personnaliser la barre d'outils**.

➡️ Dans la fenêtre qui s'affiche, cliquez du bouton droit sur le bouton **Ajuster l'image** par exemple.

➡️ Cliquez sur la commande **Ajouter «Ajuster l'image»**. Vous pouvez également faire glisser le bouton vers la barre d'outils.

➡️ Cliquez sur le bouton **Terminé**. Le bouton **Ajuster l'image** figure désormais dans la barre d'outils.

3/ Pour disposer de davantage d'espace pour travailler, vous pouvez modifier l'affichage de la barre d'outils. Pour ce faire, cliquez dessus du bouton droit. Dans le menu qui s'affiche, choisissez la commande **Icône seulement**. Les textes sont masqués.

Après de tour d'horizon de l'interface, entrons dans le vif du sujet. Avec le nouveau statut d'auto-entrepreneur, il devient très simple de devenir chef d'entreprise. De ce fait, vous allez devoir établir des factures. La réalisation de ce document vous permettra d'aborder les fonctions élémentaires de Numbers.

INSÉRER DES DONNÉES

Un tableau est une grille composée de rangs et de colonnes, dans lesquels figurent des cellules, c'est-à-dire des cases. Les données seront insérées dans ces dernières.

Pour saisir des données dans une cellule, procédez comme suit :

1/ Cliquez dans la cellule B2 pour la sélectionner. Saisissez le texte `Nom Prénom`. Appuyez sur la touche `Entrée` pour aller à la ligne.

2/ Entrez respectivement dans les cellules B3, B4, C6, B10, C10, B11, C11, B12, C12 et B13, les textes suivants :

```
Rue ;
Code postal Ville ;
Facture ;
Désignation ;
Montant HT ;
Prestation 1 ;
500 ;
Prestation 2 ;
400 ;
Total HT.
```

	A	B	C	D	E	F
1						
2		Nom Prénom				
3		rue				
4		Code postal Ville				
5						
6			Facture			
7						
8						
9						
10		Désignation	Montant HT			
11		Prestation 1	500			
12		Prestation 2	400			
13		Total HT				
14						
15						
16						
17						
18						
19						
20						
21						
22						

Le texte dans les cellules

Une fois les données saisies, vous allez modifier certaines d'entre elles.

● **Modifier des données**

Modifier les données consiste à les remplacer par de nouvelles informations.

Pour changer l'information dans la cellule C11, double-cliquez dessus puis saisissez 700.

Pour effacer le contenu de la cellule B13, utilisez l'une de ces méthodes :

➡ Cliquez dans la cellule puis appuyez sur la touche Suppr.

➡ Sélectionnez la cellule. Dans le menu **Edition**, choisissez la commande **Supprimer**.

➡ Cliquez du bouton droit sur la cellule. Dans le menu qui s'affiche, sélectionnez la commande **Supprimer le contenu de la cellule**.

Supprimer le
contenu de la cellule

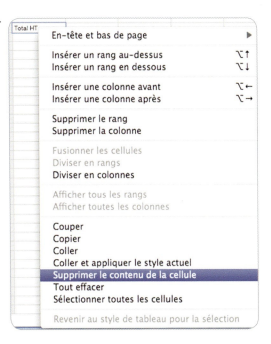

Au lieu de supprimer le contenu de la cellule B13, vous allez le couper et le coller dans une autre cellule.

Couper-coller des données

Couper-coller les données consiste à les supprimer d'un emplacement pour les placer dans un autre.

1/ Appuyez sur les touches ⌘+Z pour annuler l'opération précédente. Copiez le contenu en utilisant l'une de ces méthodes :

➡ Cliquez du bouton droit sur la cellule. Dans le menu qui s'affiche, sélectionnez la commande **Couper**.

➡ Dans le menu **Edition**, sélectionnez la commande **Couper**.

2/ Cliquez dans la cellule B14. Collez le contenu en suivant l'une de ces méthodes :

Les commandes Coller et Coller les valeurs

➡ Cliquez du bouton droit sur la cellule. Dans le menu qui s'affiche, choisissez la commande **Coller**.

➡ Dans le menu **Edition**, sélectionnez soit la commande **Coller**, soit la commande **Coller les valeurs**. Le résultat est identique. La valeur du contenu de la cellule B13 est collée dans la cellule B14.

Mac Community

Mac-stream
Le site Mac-stream (www.mac-stream.fr) relate l'actualité de l'univers Mac sur le Web (ordinateurs Mac, iPhone, iPod, Mac OS X…).

À la prochaine étape, vous allez déplacer les données vers une autre cellule.

● **Déplacer des données**

Déplacer les données consiste à les placer dans un autre emplacement sans recourir au copier-coller.

Pour déplacer les données, suivez ces étapes :

1/ Cliquez dans la cellule C10. Tout en maintenant enfoncé le bouton de la souris, faites glisser le pointeur vers le bas jusqu'à la cellule C12.

2/ Continuez de maintenir enfoncé le bouton de la souris. Le curseur se transforme en main. Faites glisser la sélection vers la colonne D. Relâchez le bouton.

Déplacer les données

9				
10		Désignation	Montant HT	Montant HT
11		Prestation 1	700	700
12		Prestation 2	400	400
13				
14		Total HT		
15				
16				
17				
18				
19				

À l'étape suivante, vous allez calculer le montant HT de la facture.

UTILISER LES CALCULS AUTOMATIQUES

Si vous ne maîtrisez pas l'utilisation tableur et formules, Numbers effectue pour vous les calculs basiques, comme la somme de chiffres.

1/ Cliquez dans la cellule D11. Tout en maintenant enfoncé le bouton de la souris, faites glisser le pointeur sur la cellule D12.

Les calculs automatiques

somme	1 100
moy	550
min	400
max	700
compte	2

2/ Numbers affiche les calculs automatiques effectués en dessous du panneau *Styles*. Dans le cas présent, cliquez sur le bouton **Somme**.

3/ Tout en maintenant enfoncé le bouton de la souris, faites-le glisser vers la cellule D14. Relâchez le bouton. La somme s'affiche dans la cellule.

Pour effectuer des calculs, vous pouvez utiliser les formules.

CALCULER AVEC DES FORMULES

Les formules sont des calculs prédéfinis offerts par Pages.

Plusieurs méthodes sont à votre disposition. Tout d'abord, vous pouvez créer votre formule.

● Créer une formule de calcul

Créer une formule de calcul demande de définir les cellules qui doivent servir au calcul.

1/ Cliquez dans la cellule D14. Saisissez le signe = (égal). L'éditeur de formules s'affiche.

2/ Cliquez dans la cellule D12. Tout en maintenant enfoncé le bouton de la souris, faites glisser le pointeur sur la cellule D11. Les cellules prises en compte s'affichent en couleur. Dans l'éditeur de formules, Numbers a automatiquement affiché la formule. Le mot *SOMME* est le nom de la fonction. Il indique que vous avez réalisé une addition. Les valeurs entre parenthèses représentent les cellules sur lesquelles s'opère le calcul.

3/ Cliquez sur l'icône en forme de coche verte pour valider l'opération. La croix rouge permet de l'annuler. Vous pouvez également appuyer sur la touche ⌷Entrée⌷ pour confirmer votre opération.

L'éditeur de formules

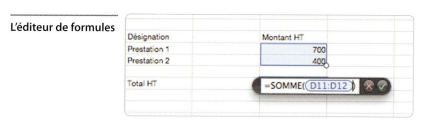

Pour écrire vos formules, vous pouvez utiliser la barre de formule.

● Utiliser la barre de formule

La barre de formule est un emplacement dans lequel vous pouvez écrire vos formules. Pour les valider, vous disposez du bouton **Accepter**.

1/ Supprimez le résultat dans la cellule D14 en appuyant sur la touche ⌷Suppr⌷.

2/ Sélectionnez la cellule D14 en cliquant dessus. Dans la barre de formule, saisissez le signe = (égal).

La barre de formule

3/ Cliquez dans la cellule D12 puis, tout en maintenant enfoncé le bouton de la souris, faites glisser le pointeur sur la cellule D11, qui sera ainsi prise en compte.

4/ Pour lancer le calcul, utilisez l'une de ces méthodes :

➡ [✓ Accepter] Cliquez sur le bouton **Accepter**.

➡ Appuyez sur la touche [Entrée].

Outre la saisie manuelle de formules, Numbers permet d'effectuer des calculs automatiques grâce au menu **Fonction**.

● Utiliser le menu Fonction

Le menu **Fonction** offre les opérations de calcul les plus courantes, comme la somme de plusieurs cellules, la multiplication de données.

1/ Cliquez dans la cellule D14. Dans la barre d'outils, cliquez sur le menu local **Fonction**.

2/ Dans la liste qui s'affiche, sélectionnez **Somme**.

La liste des fonctions

Le résultat s'affiche dans la cellule sélectionnée.

Votre prochaine tâche consiste à calculer la TVA avec le navigateur de fonctions. Tout d'abord, effectuez ces opérations préalables :

1/ Dans la cellule B15, saisissez le texte `TVA`.

2/ Dans la cellule C15, saisissez `19,6 %`.

	A	B	C	D
1				
2		Nom Prénom		
3		rue		
4		Code postal Ville		
5				
6			Facture	
7				
8				
9				
10		Désignation		Montant HT
11		Prestation 1		700
12		Prestation 2		400
13				
14		Total HT		1 100
15		TVA	19.6 %	
16				

3/ Placez-vous dans la cellule D1.

À l'étape suivante, vous allez vous servir du navigateur de fonctions.

● Calculer avec le navigateur de fonctions

Le navigateur de fonctions met à votre disposition une liste de formules prédéfinies.

Pour y accéder et les utiliser, vous devez effectuer les opérations suivantes :

1/ Ouvrez le navigateur de fonctions en utilisant l'une de ces méthodes :

➡ Dans la barre d'outils, cliquez sur le menu local **Fonction**. Dans la liste qui s'affiche, choisissez **Afficher le navigateur des fonctions**.

➡ Dans le menu **Insertion**, sélectionnez les commandes **Fonction/Afficher le navigateur des fonctions**.

➡ Dans le menu **Présentation**, choisissez la commande **Afficher le navigateur des fonctions**.

La fenêtre **Fonction** s'affiche. Les fonctions sont classées par catégories. Vous pouvez voir leur descriptif dans la partie inférieure de la fenêtre.

2/ Cliquez sur la catégorie *Numérique*. Dans la colonne de droite, cliquez sur la fonction *PRODUIT*. Utilisez la barre bleue pour vous déplacer dans la liste.

3/ Cliquez sur le bouton **Insérer une fonction**.

**Le navigateur
de fonctions**

Dans l'éditeur de formules ou la barre de formule, remplacez chaque argument fictif en suivant ces étapes :

1/ Cliquez sur le premier *valeur-nbre* puis dans la cellule D14. L'argument est automatiquement remplacé par le contenu de la cellule.

2/ Cliquez sur le deuxième argument fictif puis sur la cellule C15. Appuyez sur la touche [Entrée] pour valider. Le résultat du produit s'affiche dans la case D15.

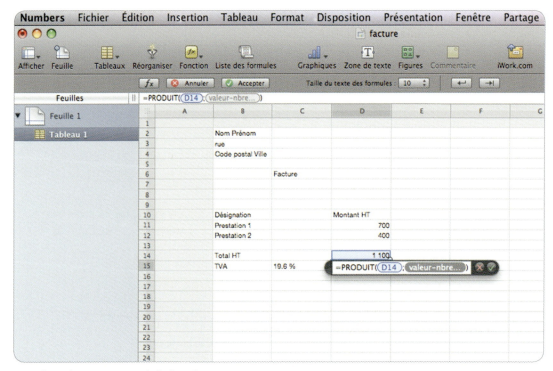

Remplacer les arguments de la fonction

Après avoir saisi vos deux formules, vous pouvez facilement les retrouver.

● Afficher des formules

Afficher les formules consiste à lister celles que vous avez utilisées dans une feuille de calcul.

Pour visualiser les formules utilisées, cliquez sur le bouton **Liste des formules** dans la barre d'outils.

Les formules s'affichent sous la forme d'une arborescence de fichiers dans un tableau composé de trois colonnes :

➡️ *Emplacement* indique le nom de la feuille et du tableau ainsi que les cellules dans lesquelles se trouvent les résultats calculés.

➡️ *Résultats* affiche la valeur totale des cellules sélectionnées pour le calcul.

➡️ *Formule* liste les formules utilisées.

Vous pouvez également utiliser le champ de recherche à votre disposition pour rechercher les formules dans votre feuille de calcul.

La liste des formules

Il est recommandé de procéder à l'enregistrement de votre document au fur et à mesure des modifications que vous lui apportez. Ce conseil vaut pour tout document que vous créez.

ENREGISTRER UNE FEUILLE DE CALCUL

Enregistrer une feuille de calcul consiste à conserver une copie des données saisies et calculées sur le disque dur.

Pour enregistrer une feuille de calcul, procédez comme suit :

1/ Allez dans le menu **Fichier**. Sélectionnez la commande **Enregistrer** (⌘+S). La fenêtre d'enregistrement s'affiche. Dans le champ *Enregistrer sous*, saisissez le nom de votre feuille. Par défaut, elle est nommée *Sans titre*.

2/ Acceptez l'emplacement de sauvegarde par défaut, *Documents*, ou indiquez un nouveau dossier d'enregistrement. Pour cela, cliquez sur la flèche noire vers le bas située à droite du champ *Enregistrer sous*. De nouvelles options apparaissent.

3/ Sélectionnez l'emplacement voulu ou créez un nouveau dossier en cliquant sur le bouton **Nouveau dossier**.

4/ Dans la boîte de dialogue **Nouveau dossier**, spécifiez dans le champ *Nom du nouveau dossier*, le nom de celui-ci puis cliquez sur le bouton **Créer**. Dans la partie inférieure de la fenêtre, des options ont fait leur apparition. Vous pouvez :

> inclure une vignette de votre feuille ;

> enregistrer le document au format Excel ;

> intégrer la vidéo ou l'audio si vous en avez ajouté ;

> copier les images du modèle dans le document.

5/ Une fois les paramètres définis, cliquez sur le bouton **Enregistrer**.

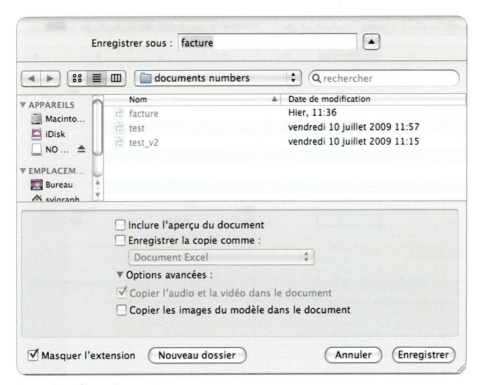

Les options d'enregistrement

Une fois l'enregistrement effectué, poursuivez votre travail en procédant à sa sauvegarde de manière régulière par le biais du raccourci clavier ⌘+Ⓢ.

6

Modifier l'apparence
d'une feuille de calcul

Dans ce chapitre, vous allez améliorer
l'aspect de votre feuille de calcul par
le biais de la création d'un carnet
d'adresses. Vous créerez un tableau pour
commencer. Ensuite, vous poursuivrez
avec le formatage des chiffres
dans vos cellules. Une fois les données
saisies, vous les trierez.

CRÉER UN TABLEAU

Un tableau est une grille composée de lignes et de cellules dans lesquelles vous saisirez vos données numériques. Pour ajouter un tableau, utilisez l'une des méthodes suivantes :

▶ Dans la barre d'outils, cliquez sur le menu local **Tableaux**. Dans la liste qui s'affiche, choisissez parmi les types de tableaux prédéfinis, le tableau *Simple*.

▶ Dans le menu **Insertion**, sélectionnez la commande **Tableau**. Ensuite, dans la liste des tableaux proposés, choisissez **Simple**.

Le tableau s'affiche en bas du tableau par défaut de la feuille de calcul.

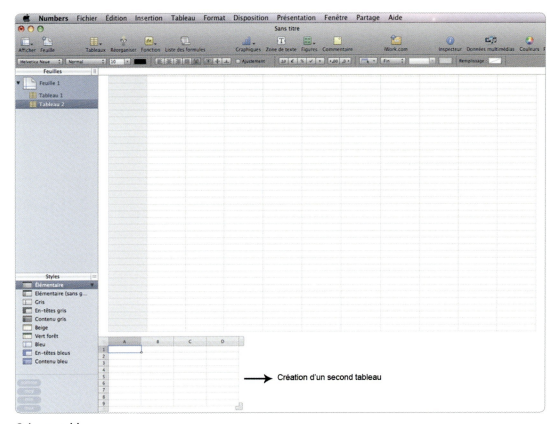

Créer un tableau

MANIPULER UN TABLEAU

Tout comme le texte, le tableau est personnalisable, c'est-à-dire que vous pouvez intervenir dessus. Votre prochaine tâche consiste à supprimer le tableau 1.

● Supprimer un tableau

Lorsque vous devez créer un tableau, il est préférable de supprimer le tableau par défaut que vous ne pouvez pas déplacer. Pour effacer le tableau 1, utilisez l'une des méthodes suivantes.

➡ Dans le panneau *Feuilles*, cliquez du bouton droit sur *Tableau 1* pour le sélectionner. Dans le menu qui s'affiche, sélectionnez la commande **Supprimer**.

**Supprimer
le tableau 1**

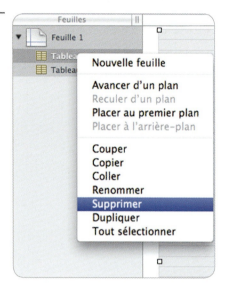

➡ Dans le panneau *Feuilles*, cliquez sur *Tableau 1* pour le sélectionner. Dans le menu **Edition**, choisissez la commande **Supprimer**.

À l'étape suivante, vous allez modifier la position du tableau 2.

● Positionner un tableau

Un tableau créé dans une feuille de calcul est comme un bloc de texte que vous pouvez placer à votre guise. Pour déplacer le tableau 2, procédez comme suit :

1/ Dans le panneau *Feuilles*, cliquez sur *Tableau 2* pour le sélectionner. Amenez le pointeur de souris vers l'un des coins du tableau. Une icône en forme de croix s'affiche en regard du pointeur.

2/ Tout en maintenant le bouton de la souris, faites glisser le tableau vers le haut de la feuille de calcul. Des informations de position s'affichent lors du déplacement du tableau. Relâchez le bouton de la souris à l'emplacement voulu.

Pour positionner un tableau, vous pouvez utiliser l'Inspecteur de mesures.

● Utiliser l'Inspecteur de mesures

L'Inspecteur de mesures est une sous-fenêtre de l'Inspecteur, que vous pouvez activer depuis la barre d'outils de Numbers. Il permet de positionner un tableau dans une feuille de calcul. Pour placer le tableau, suivez ces étapes :

1/ Sélectionnez le tableau 2. Dans la barre d'outils, cliquez sur l'icône *Inspecteur*. Le panneau **Inspecteur** s'affiche.

2/ Cliquez sur le bouton **Inspecteur de mesures** représenté par une règle. Dans le champ *X* de la section *Position*, cliquez sur la flèche vers le haut pour augmenter la position du tableau sur l'axe X de 1 cm. Vous pouvez également cliquer puis saisir la nouvelle position dans le champ. Dans le champ *Y* de la section *Position*, cliquez sur la flèche vers le haut pour position-ner le tableau à 1,45 cm. Comme pour le champ *X*, vous pouvez saisir directement la nouvelle position.

**L'Inspecteur
de mesures**

À l'étape suivante, vous allez donner un nom à votre tableau.

● Nommer un tableau

Les tableaux créés par défaut sont nommés *Tableau 1*, *Tableau 2*. Cela n'est pas très significatif et peut vite se révéler un inconvénient lorsque vous en avez plusieurs sur une feuille de calcul. Il devient alors difficile de les retrouver. C'est pourquoi vous allez renommer le tableau 2. Pour nommer le tableau 2, procédez comme suit :

1/ Cliquez du bouton droit sur le nom par défaut *Tableau 2* situé dans l'arborescence de votre feuille.

**Renommer
un tableau**

2/ Dans le menu qui s'affiche, sélectionnez la commande **Renommer**. Un cadre blanc s'affiche dans lequel vous saisirez le texte `Carnet d'adresses`. Une fois la saisie réalisée, appuyez sur la touche ⌈Entrée⌋ pour la valider ou cliquez en dehors du champ.

Après avoir nommé le tableau dans l'arborescence de votre feuille de calcul, vous allez lui ajouter un titre par le biais d'une zone de texte.

● Ajouter une zone de texte

Une zone de texte est un bloc dans lequel vous saisissez du texte. Tout comme le tableau, vous pouvez la déplacer au sein de la feuille de calcul. Pour insérer une zone de texte, procédez comme suit :

1/ Dans la barre d'outils, cliquez sur le bouton **Zone de texte**. Vous pouvez également passer par le menu **Insertion** dans lequel vous sélectionnerez la commande **Zone de texte**.

2/ Double-cliquez dans le cadre puis saisissez le texte `Carnet d'adresses`. Cliquez dans un emplacement vide pour confirmer votre saisie. Cliquez sur la zone de texte. Ensuite, tout en maintenant enfoncé le bouton de la souris, faites-la glisser au-dessus du tableau.

**Ajouter une zone
de texte**

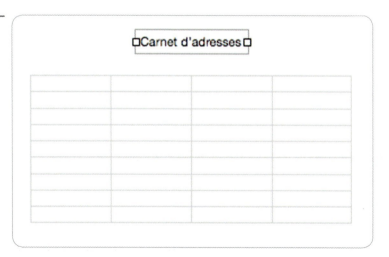

À présent, vous allez ajouter quatre colonnes et une ligne à votre tableau.

INSÉRER DES LIGNES ET DES COLONNES

L'insertion de lignes et de colonnes permet d'ajouter des données **numériques dans un tableau. Pour réaliser ces opérations, vous disposez de plusieurs techniques.**

● Ajouter des colonnes

Une colonne est un groupe de cellules verticales dans lesquels vous saisissez des données. Pour ajouter trois colonnes à votre tableau, suivez ces étapes :

1/ Cliquez sur votre tableau pour le sélectionner.

2/ Dans le menu **Tableau**, choisissez la commande **Insérer une colonne après**. Une colonne supplémentaire viendra se placer après la dernière colonne du tableau.

Il s'agit à présent d'insérer une ligne, appelée «rang» dans Numbers, à votre carnet d'adresses.

● Ajouter des lignes

Une ligne est un groupe de cellules horizontales dans lesquelles vous saisissez vos données. Pour réaliser cette opération, utilisez l'une de ces méthodes :

➡ Cliquez sur le tableau pour le sélectionner. Dans le menu **Tableau**, choisissez la commande **Insérer un rang en dessous**.

➡ Sélectionnez l'une des cellules. Cliquez sur le carré gris situé en dessous de la ligne 9.

➡ Cliquez sur la flèche noire de la ligne 9. Dans le menu qui s'affiche, sélectionnez la commande **Insérer un rang en dessous**.

À l'étape suivante, vous allez ajouter un en-tête à votre tableau.

INSÉRER UN EN-TÊTE

Un en-tête permet d'indiquer la nature des données saisies dans un **tableau. Pour ajouter votre en-tête, procédez comme suit :**

1/ Cliquez sur la première cellule puis utilisez l'une de ces méthodes :

➡ Cliquez du bouton droit sur la cellule. Dans le menu qui s'affiche, sélectionnez **En-tête et bas de page/Rangs d'en-tête/1**.

➡ Dans le menu **Tableau**, choisissez la commande **Rangs d'en-tête**. Dans la liste qui s'affiche, choisissez **1** en-tête à insérer. Il apparaît en gris.

Il s'agit à présent d'entrer les textes suivants respectivement dans les cellules A1, B1, C1, E1, F1, G1 et H1 :

```
Nom ;
Prénom ;
Rue ;
Code postal ;
Ville ;
Pays ;
Date de naissance.
```

Les en-têtes ajoutés

Le titre de la dernière colonne est coupé. Comme vous pourrez le constater, la taille des cellules est trop petite. Pour corriger ces problèmes, vous allez changer leurs dimensions ainsi que celles des colonnes et des lignes.

REDIMENSIONNER LES ÉLÉMENTS D'UN TABLEAU

Les tailles des cellules, des colonnes et des lignes peuvent être modifiées. Tout d'abord, occupez-vous des cellules.

● Modifier la largeur d'une cellule

Modifier la largeur d'une cellule permet d'harmoniser la présentation générale du tableau. Pour ajuster la taille de la cellule H1, procédez comme suit :

1/ Cliquez dans la cellule H1. Dans la barre d'outils, cliquez sur l'icône *Inspecteur* puis sur le bouton **Inspecteur de tableaux**.

2/ Dans la section *Largeur de colonne*, cliquez sur le bouton **Adapter**. La cellule est automatiquement ajustée à la taille de la cellule. Vous pouvez également cliquer sur la flèche vers le haut du champ pour augmenter la taille de la cellule.

Définir la largeur de colonne

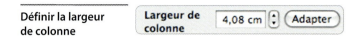

Une fois la cellule ajustée, vous allez changer la hauteur des lignes de manière uniforme.

● Modifier la hauteur des lignes uniformément

Si vous changez la hauteur des lignes de manière uniforme, la présentation du tableau sera plus harmonieuse à la lecture.

1/ Cliquez sur le tableau pour le sélectionner. Dans la barre d'outils, cliquez sur l'icône *Inspecteur* puis sur le bouton **Inspecteur de tableaux**.

2/ Dans la section *Hauteur du rang*, cliquez sur la flèche vers le haut jusqu'à afficher la valeur 0,7 cm.

Définir la hauteur du rang

Il s'agit à présent de modifier la taille du tableau, les cellules étant trop petites pour accueillir les informations.

● Redimensionner un tableau

Modifier les dimensions d'un tableau permet d'aérer sa présentation. Pour redimensionner le tableau, procédez comme suit :

1/ Sélectionnez le tableau. Un cadre de sélection muni de poignées apparaît. Cliquez sur la poignée inférieure droite du cadre. Tout en maintenant enfoncé le bouton de la souris, faites-la glisser en diagonale.

2/ Relâchez le bouton une fois que la taille vous convient.

L'étape suivante consiste à rassembler les cellules C1 et D1.

FUSIONNER DES CELLULES

Fusionner les cellules est une opération qui consiste à rassembler deux ou plusieurs cellules en une cellule unique. **Pour fusionner les cellules, suivez ces étapes :**

1/ Cliquez sur la cellule C1 puis, tout en maintenant enfoncée la touche Maj, cliquez dans la cellule D1 pour la sélectionner. Fusionnez les cellules en utilisant l'une de ces méthodes :

➡ Cliquez du bouton droit sur les cellules sélectionnées. Dans le menu qui s'affiche, choisissez la commande **Fusionner les cellules**.

➡ Dans la barre d'outils, cliquez sur l'icône *Inspecteur* puis sur le bouton **Inspecteur de tableaux**. Dans la section *Fusionner et diviser*, cliquez sur le premier bouton.

2/ Recommencez ces opérations pour fusionner les cellules C2D2, C3D3, C4D4, C5D5, C6D6, C7D7, C8D8, C9D9, C10D10 et C11D11.

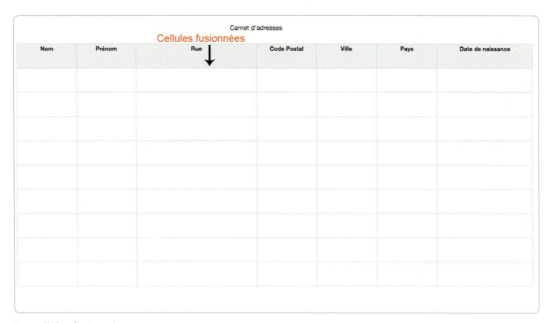

Les cellules fusionnées

Avant d'importer les informations de votre Carnet d'adresses dans le tableau, voyons comment sélectionner les éléments d'une feuille de calcul.

SÉLECTIONNER DES ÉLÉMENTS D'UN TABLEAU

Vous aurez besoin de sélectionner les éléments d'un tableau lorsque vous effectuerez leur mise en forme ou quand vous modifierez une donnée dans une cellule. Pour sélectionner le tableau, utilisez l'une des méthodes suivantes :

1/ Dans le menu **Edition**, choisissez la commande **Edition/Tout sélectionner**.

2/ Appuyez sur les touches ⌘+Ⓐ.

Voici la liste des sélections que vous pouvez effectuer dans une feuille de calcul :

➡ Pour sélectionner une ligne, cliquez sur son numéro.

➡ Pour sélectionner une cellule, cliquez dessus.

➡ Pour sélectionner une colonne, cliquez sur sa lettre.

➡ Pour sélectionner deux cellules contiguës, cliquez sur la première cellule puis tout en maintenant enfoncée la touche Maj, cliquez sur la deuxième cellule.

➡ Pour sélectionner deux cellules non adjacentes, cliquez sur la première cellule puis, tout en maintenant enfoncée la touche ⌘, cliquez sur l'autre cellule.

➡ Pour sélectionner toutes les cellules, cliquez du bouton droit sur l'une d'entre elles. Dans le menu qui s'affiche, choisissez la commande **Sélectionner toutes les cellules**.

À présent, vous allez importer les données du Carnet d'adresses de votre Mac.

IMPORTER DES DONNÉES DU CARNET D'ADRESSES

Importer des données du Carnet d'adresses consiste à les placer dans une feuille de calcul.

1/ Dans le Dock, cliquez sur le Carnet d'adresses. Ouvrez le groupe *Test*.

2/ Cliquez sur l'un de vos contacts. Tout en maintenant enfoncés le bouton de la souris et la touche ⌘, faites-le glisser vers le tableau. Recommencez l'opération pour les autres contacts.

Mac Community

Fievet
Le site Fievet (www.fievet.net) est un site d'actualités sur l'univers Mac. Les articles proposés sont classés par catégories.

	Carnet d'adresses						
	A Nom	**B** Prénom	**C** Rue	**D** Code Postal	**E** Ville	**F** Pays	**G** Date de naissance
1							
2	Dupont	Paul	1 rue du Vent	75000	PARIS	FRANCE	
3	Duvent	Jean	5 rue du Plan	84000	AVIGNON	FRANCE	
4	Feuillu	Laurence	46 rue de la blanche	76790	BORDEAUX	FRANCE	
5	Marguerita	Rosa	25 rue de l'épée	13000	MARSEILLE	FRANCE	
6	Sola	Carita	1 rue du Soleil	28001	MADRID	ESPAGNE	
7	Ventu	Michel	456 Harewood Avenue	NW16AA	LONDRES	ANGLETERRE	
8							
9							
10							

Les données importées du Carnet d'adresses

Les données des champs du Carnet d'adresses qui ne figurent pas dans le tableau ne seront pas importées. Maintenant que vos informations sont dans Numbers, voyons comment naviguer dans les cellules.

NAVIGUER DANS LES CELLULES

Naviguer dans les cellules consiste à aller d'une cellule à une autre. Pour cela, vous avez plusieurs solutions :

➡ Pour aller à la cellule suivante, appuyez sur la touche [Tab].

➡ Pour aller à la cellule de gauche, pressez les touches [Tab] et [Maj].

➡ Utilisez les flèches de direction.

➡ Pour aller à la cellule en dessous de celle où vous vous trouvez, appuyez sur la touche [Entrée].

Il ne vous reste plus qu'à indiquer les dates de naissance de vos amis. Saisissez la première date dans la cellule H2, dans le format *23 janvier 1971*. Il est possible de les afficher dans un autre format.

FORMATER DES CELLULES

**Formater les cellules consiste à modifier l'apparence de leur texte.
Pour modifier le format des dates de naissance, utilisez l'une de ces
méthodes :**

➡ Dans la barre de formats, cliquez sur l'icône *Formatage des valeurs* en forme de flèche vers le
bas. Dans le menu qui s'affiche, amenez le pointeur jusqu'à la catégorie *Date et Heure*. Ensuite,
choisissez le quatrième format. La date se présente sous la forme *JJ/MM/YY*.

Formater des valeurs

➡ Dans la barre d'outils, cliquez sur l'icône *Inspecteur* puis sur le bouton **Inspecteur de cellules**. Dans le menu *Format de cellule*, sélectionnez *Date et heure*. Dans le menu local *Date*, choisissez le format *05/01/09*.

Formater une cellule

Si aucun des formats proposés pour les dates ne vous convient, vous pouvez créer le vôtre.

1/ Cliquez dans la cellule H3. Ouvrez l'Inspecteur de cellules.

2/ Dans le menu *Format de cellule*, cliquez sur *Personnaliser*. Une fenêtre s'affiche. Dans le champ *Nom*, saisissez `Date de Naissance`. Dans le menu *Type*, choisissez *Date et heure*. Cliquez sur la flèche du troisième champ *Année*. Sélectionnez le format *2009*. Cliquez sur OK pour valider vos paramètres.

Créer un format

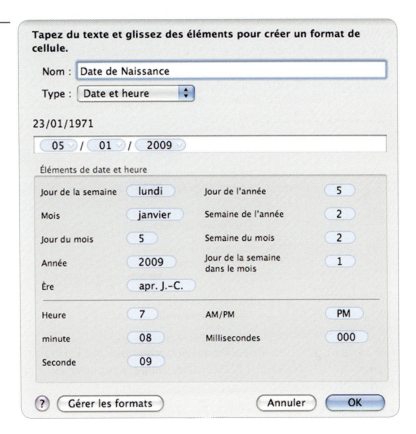

Afficher le format... Si vous souhaitez modifier le nouveau format, il vous suffira de cliquer sur le bouton **Afficher le format** de l'Inspecteur de cellules.

3/ Saisissez dans la cellule H3 la date de naissance de votre deuxième contact, sous la forme *(date mois année)*. Appuyez sur la touche Entrée. Le format *Date de Naissance* est automatiquement appliqué à la cellule.

Mac Community

DigitLife
Le site Digit Life (www.digitlife.fr) relate l'actualité du Mac et de la photographie numérique. Des flux d'actualités sont proposés ainsi qu'un accès direct vers l'Apple Store.

6 / Modifier une feuille de calcul

Les réglages de l'Inspecteur de cellules diffèrent selon le format que vous choisissez. Dans la section suivante, vous avez la possibilité de supprimer le contenu d'une cellule.

SUPPRIMER LE CONTENU D'UNE CELLULE

En cas d'erreur, vous avez la possibilité de supprimer le contenu d'une cellule en utilisant l'une des techniques suivantes :

 Cliquez du bouton droit sur la cellule concernée. Dans le menu qui s'affiche, sélectionnez la commande **Supprimer le contenu de la cellule**.

Supprimer le
contenu de la cellule

 Dans le menu **Edition**, sélectionnez la commande **Supprimer**.

 Appuyez sur la touche ⌷Suppr⌷ ou sur la touche ⌷Retour⌷.

 Cliquez sur la cellule puis saisissez le nouveau contenu.

Une fois les informations saisies dans votre carnet d'adresses, la prochaine tâche consiste à mettre en forme votre tableau au moyen d'un style graphique.

METTRE EN FORME UN TABLEAU

Tout comme Pages, Numbers permet de modifier rapidement l'apparence d'un tableau à l'aide de styles. La méthode la plus rapide consiste à lui appliquer un style prédéfini.

1/ Sélectionnez votre tableau.

2/ Dans le panneau *Style*, cliquez sur le style *En-têtes bleus*, qui est automatiquement appliqué au tableau.

Carnet d'adresses						
Nom	**Prénom**	**Rue**	**Code Postal**	**Ville**	**Pays**	**Date de naissance**
Dupont	Paul	1 rue du Vent	75000	PARIS	FRANCE	23/01/1971
Duvent	Jean	5 rue du Plan	84000	AVIGNON	FRANCE	
Feuillu	Laurence	46 rue de la blanche	76790	BORDEAUX	FRANCE	
Marguerita	Rosa	25 rue de l'épée	13000	MARSEILLE	FRANCE	
Sola	Carita	1 rue du Soleil	28001	MADRID	ESPAGNE	
Ventu	Michel	456 Harewood Avenue	NW16AA	LONDRES	ANGLETERRE	

Le tableau avec le style appliqué

Si ce style ne vous convient pas, vous pouvez en choisir un autre dans le panneau *Style* ou le personnaliser avec les options proposées dans la barre de formats.

● Créer un style

Créer un style consiste à définir les caractéristiques de l'apparence du tableau.

1/ Sélectionnez la ligne des en-têtes. Pour cela, cliquez sur le chiffre 1. Dans la barre de formats, effectuez les réglages suivants :

➡ Cliquez dans le cadre *Remplissage* pour sélectionner une autre couleur. Choisissez un bleu plus foncé.

➡️ Cliquez sur le cadre *Couleur de la ligne*. Dans le panneau qui s'affiche, cliquez sur *Aucun* symbolisé par un cadre blanc barré.

➡️ Cliquez sur le bouton **Largeur de la ligne**. Dans la liste qui s'affiche, choisissez l'option *0,5 pt*.

Les attributs de la barre de formats

2/ Dans le panneau *Styles*, cliquez sur le triangle situé en regard du style *En-têtes bleus*.

3/ Sélectionnez la commande **Créer un nouveau style**.

4/ Dans la fenêtre qui s'ouvre, saisissez dans le champ *Nom du style de tableau*, le texte `car-net d'adresses`.

Nommer un style

5/ Cliquez sur OK pour enregistrer le style. Il est désormais disponible dans le panneau *Styles*.

Pour mettre en forme un tableau, vous pouvez également utiliser l'Inspecteur de graphismes.

● Utiliser l'Inspecteur de graphismes

L'Inspecteur de graphismes est une sous-fenêtre de l'Inspecteur, que vous activerez depuis la barre d'outils de Numbers. Il contient les commandes et les options nécessaires pour modifier l'apparence des cellules d'un tableau. Pour modifier l'apparence de votre tableau, suivez ces étapes :

1/ Dans le panneau *Styles*, revenez au style par défaut en cliquant sur *Élémentaire*. Sélectionnez la ligne des en-têtes. Dans la barre d'outils, cliquez sur l'icône *Inspecteur* puis sur le bouton **Inspecteur de graphismes**.

2/ Dans le menu *Remplissage*, choisissez *Remplissage dégradé*. Cliquez sur le bouton **Angle**. Ensuite, tout en maintenant enfoncé le bouton de la souris, faites glisser le pointeur dessus pour modifier la position du dégradé. Cliquez sur le bouton de la couleur du début du dégradé. Dans le panneau *Couleurs*, faites glisser le curseur de la roue chromatique dans la zone bleutée.

3/ Pour définir la couleur de fin du dégradé, cliquez dessus puis, dans la roue des couleurs qui s'affiche, choisissez un bleu plus clair.

4/ Dans le menu *Trait*, sélectionnez *Aucun*.

**L'Inspecteur
de graphismes**

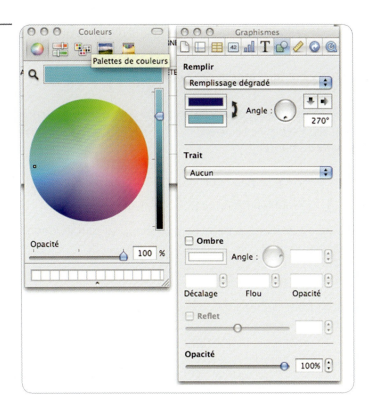

5/ Sélectionnez le tableau. Cochez l'option *Ombre*. Modifiez à votre convenance les paramètres correspondants. Enregistrez vos attributs. Pour cela, allez dans le menu **Format**. Ensuite, sélectionnez la commande **Créer un style de tableau**. Il ne vous reste plus qu'à le nommer.

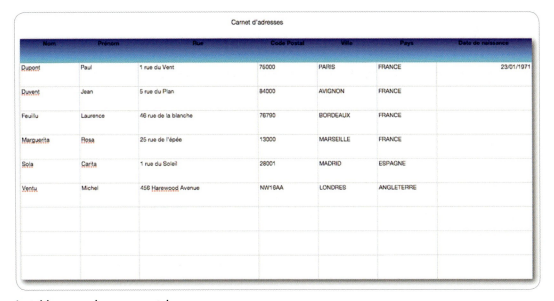

Le tableau avec le nouveau style

Dans un tableau, vous avez également la possibilité de modifier l'aspect d'un texte.

CHANGER L'APPARENCE D'UN TEXTE

Comme dans Pages, vous pouvez mettre en forme le texte. **Pour ce faire, vous disposez de l'Inspecteur de texte, de la barre de formats et du menu Format.**

● Utiliser l'Inspecteur de texte

L'Inspecteur de texte est une sous-fenêtre de l'Inspecteur. Il contient les options permettant de modifier l'apparence d'un texte.

1/ Sélectionnez le tableau.

2/ Dans la barre d'outils, cliquez sur l'icône *Inspecteur* puis sur le bouton **Inspecteur de texte**.

L'Inspecteur de texte

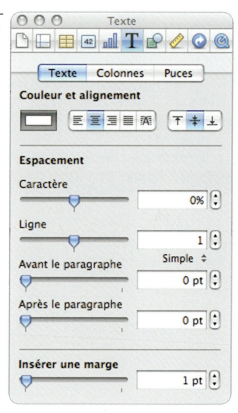

3/ Dans la section *Couleur et alignement*, cliquez sur le bouton **Centrer le texte** puis sur le bouton **Aligner le texte sur le centre de la cellule du tableau, de la zone de texte ou de la figure.**

4/ Désélectionnez le tableau via le menu **Edition/Tout désélectionner.**

5/ Sélectionnez la ligne des en-têtes. Dans la section *Espacement*, faites glisser le curseur vers la droite jusqu'à la valeur 16 %. Choisissez le blanc comme couleur de texte.

À présent, vous allez poursuivre la mise en forme de votre texte avec la barre de formats.

● Mettre en forme du texte avec la barre de formats

La barre de formats propose d'autres options de mise en forme par rapport à l'Inspecteur de texte. C'est un moyen rapide de modifier l'apparence de votre texte.

La barre de formats

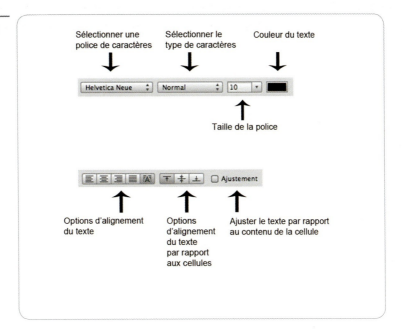

Pour les appliquer au texte, effectuez les opérations suivantes :

1/ Sélectionnez le tableau. Dans le menu *Police de caractères*, choisissez *Arial*.

2/ Dans le menu *Taille de police*, sélectionnez *11* pt.

Il s'agit maintenant d'appliquer d'autres attributs au texte de la ligne des en-têtes. Les commandes du menu **Format** vont vous aider dans votre tâche.

● Utiliser le menu Format

Le menu **Format** contient les commandes de mise en forme que vous pouvez retrouver soit dans l'Inspecteur de texte, soit dans la barre de formats.

1/ Sélectionnez la ligne des en-têtes.

2/ Dans le menu **Format**, choisissez les commandes **Police/Majuscules**. Dans la liste qui s'affiche, sélectionnez **Tout en majuscules**.

3/   Retournez dans le menu **Format**. Cette fois-ci, sélectionnez la commande **Police/Gras**.

Carnet d'adresses						
NOM	**PRÉNOM**	**RUE**	**CODE POSTAL**	**VILLE**	**PAYS**	**DATE DE NAISSANCE**
Dupont	Paul	1 rue du Vent	75000	PARIS	FRANCE	23/01/1971
Duvent	Jean	5 rue du Plan	84000	AVIGNON	FRANCE	15/02/1968
Feuillu	Laurence	46 rue de la blanche	76790	BORDEAUX	FRANCE	04/09/1981
Marguerita	Rosa	25 rue de l'épée	13000	MARSEILLE	FRANCE	02/08/1976
Sola	Carita	1 rue du Soleil	28001	MADRID	ESPAGNE	15/02/1968
Ventu	Michel	456 Harewood Avenue	NW16AA	LONDRES	ANGLETERRE	19/10/1946

Le tableau final

Votre tableau est désormais mis en forme. Vous allez procéder au tri des colonnes.

CLASSER DES COLONNES

Classer les colonnes permet d'organiser les informations figurant dans votre tableau. Numbers permet d'effectuer deux types de recherches : le tri rapide et le filtre.

● Effectuer un tri rapide

Le tri rapide correspond à un tri automatique réalisé par Numbers.

1/   Cliquez en haut de la colonne *Pays*.

2/   Dans la liste qui s'affiche, cliquez soit sur la commande **Trier en ordre croissant**, soit sur la commande **Trier en ordre décroissant**.

Le tri rapide permet de réaliser uniquement un tri croissant ou décroissant de la colonne sélectionnée. Si vous souhaitez rechercher par exemple vos contacts qui ont la même date de naissance, vous devez utiliser un filtre.

● Utiliser un filtre

Par rapport au tri rapide, l'utilisation d'un filtre permet d'afficher les contacts répondant aux critères que vous définissez. Les autres données sont masquées.

1/ Dans la barre d'outils, cliquez sur le bouton **Réorganiser**. Une fenêtre s'affiche. Cliquez sur la flèche située en regard de *Filtre*.

2/ Dans le premier menu local, sélectionnez *date de naissance*. Dans le deuxième menu, choisissez *la date est*. Dans le troisième menu, sélectionnez *la date*. En dessous, saisissez dans le champ `15 février 1968` puis appuyez sur la touche `Entrée`. Le tableau affiche les résultats correspondant à vos critères.

7

Personnaliser
une feuille de calcul

Une feuille de calcul peut accueillir un
ou plusieurs tableaux, mais aussi un
graphique, des images ou des listes. Dans
ce chapitre, vous allez créer le planning
de vos vacances, améliorer l'apparence
d'un budget, puis agrémenter une liste
d'objets à vendre, avec des images.
Ces exercices vous permettront de tester
des fonctions avancées de Numbers,
comme la création de listes, l'ajout de
médias et l'organisation des tableaux.
Tout d'abord, voyons comme réaliser
le planning de vos vacances.

CRÉER UNE LISTE

Une liste correspond à un ensemble de tâches à réaliser. Pour en créer une dans Numbers, procédez comme suit :

1/ Lancez Numbers. Dans la fenêtre **Liste des modèles**, double-cliquez sur le modèle *Vierge*. Dans la barre d'outils, cliquez sur le bouton **Tableaux**. Dans la liste qui s'affiche, choisissez le tableau *Simple*. Dans le panneau *Feuilles*, cliquez sur *Tableau 1* puis appuyez sur la touche [Suppr].

2/ Double-cliquez sur *Tableau 2* dans le panneau *Feuilles* pour le renommer. Saisissez le texte `Planning Vacances`.

3/ Ajoutez six lignes via le menu **Tableau/Insérer un rang en dessous**.

4/ Cliquez dans la cellule A2. Saisissez `1 septembre`. Formatez la date via l'Inspecteur de cellules. Sélectionnez la cellule. Cliquez sur sa poignée située dans le coin inférieur droit. Tout en maintenant enfoncé le bouton de la souris, faites-la glisser vers le bas. Une liste des dates est créée automatiquement. Relâchez le bouton quand vous arrivez au 15 septembre.

5/ Cliquez sur le menu local de la colonne A. Dans la liste qui s'affiche, choisissez la commande **Convertir en colonne d'en-tête**. Saisissez les en-têtes DATE, HEURE et ACTIVITES respectivement dans les cellules A1, B1 et C1. Supprimez la colonne D.

DATE	HEURE	ACTIVITES
01/09/09		
02/09/09		
03/09/09		
04/09/09		
05/09/09		
06/09/09		
07/09/09		
08/09/09		
09/09/09		
10/09/09		
11/09/09		
12/09/09		
13/09/09		
14/09/09		
15/09/09		

Le tableau de départ

Il s'agit à présent d'insérer des cases à cocher.

● Utiliser des cases à cocher

Les cases à cocher permettent par exemple de voir quelles sont les tâches que vous avez déjà réalisées. Pour ajouter ces cases, procédez comme suit :

1/ Ajoutez tout d'abord une colonne avant la date. Pour cela, cliquez sur le menu local de la colonne A. Dans la liste qui s'affiche, sélectionnez la commande **Insérer une colonne d'en-tête avant**.

2/ Dans la cellule A1, saisissez le texte A FAIRE.

3/ Modifiez les couleurs de la colonne. Pour ce faire, dans la barre de formats, cliquez sur le cadre *Remplissage*. Dans la palette des couleurs qui s'affiche, choisissez un jaune pâle.

4/ Cliquez dans la cellule A2. Dans la barre des formats, cliquez sur le bouton **Formater comme une case à cocher**.

Au lieu d'utiliser de nouveau ce bouton, vous allez simplement recopier la case à cocher.

1/ Cliquez sur la poignée de la cellule A2 située dans son angle inférieur droit.

2/ Tout en maintenant enfoncé le bouton de la souris, faites-la glisser vers le bas. La case à cocher est automatiquement recopiée dans les autres cellules de la colonne.

A FAIRE		DATE	HEURE	ACTIVITES
	☐	01/09/09		
	☐	02/09/09		
	☐	03/09/09		
	☐	04/09/09		
	☐	05/09/09		
	☐	06/09/09		
	☐	07/09/09		
	☐	08/09/09		
	☐	09/09/09		
	☐	10/09/09		
	☐	11/09/09		
	☐	12/09/09		
	☐	13/09/09		
	☐	14/09/09		
	☐	15/09/09		

Les cases à cocher

Les cases peuvent être cochées ou non.

● Formater des cases à cocher

Vous pouvez choisir au départ de cocher ou ne pas cocher les cases des activités. Par défaut, elles ne sont pas cochées.

Si vous souhaitez au contraire les cocher, dans l'Inspecteur de cellules, cliquez sur l'option *Coché*. Il ne vous reste plus qu'à saisir les heures et les activités dans les colonnes *HEURE* et *ACTIVITES* et à mettre en forme votre tableau.

A FAIRE	DATE	HEURE	ACTIVITES
▢	01/09/09	14:00	Préparer les bagages
▢	02/09/09	15:23	Départ
▢	03/09/09	07:00	Réveil
▢	04/09/09	15:00	Visite Musée
▢	05/09/09	08:00	Balade en mer
▢	06/09/09	08:00	Balade en mer
▢	07/09/09	12:00	Visite châteaux
▢	08/09/09	09:00	Achat nourriture
▢	09/09/09	11:00	Marché du midi
▢	10/09/09	07:00	Randonnée
▢	11/09/09	07:00	Randonnée
▢	12/09/09	matin	Repos
▢	13/09/09	10:00	Shopping
▢	14/09/09	08:00	Nettoyage maison
▢	15/09/09	17:00	Retour

Le planning final

Dans le prochain exercice, vous allez représenter les données d'un tableau sous la forme d'un graphique.

AJOUTER UN GRAPHIQUE

Les données peuvent être représentées de manière visuelle sous la forme d'un graphique. C'est un moyen rapide de comparer des données. Pour ajouter un graphique, procédez comme suit :

1/ Ouvrez le fichier *budget.numbers* via le menu **Fichier/Ouvrir**. Vous allez créer le graphique du budget des dépenses.

> **Mac Célère**
>
> **Ouvrir un document**
> Pour ouvrir un document, vous pouvez également utiliser le raccourci clavier ⌘+◯.

161

BUDGET DEPENSES					
	TELEPHONE	CHARGES SOCIALES	INTERNET	LOYER	ESSENCE
JUILLET	70,00 €	80,00 €	35,00 €	200,00 €	90,00 €
AOUT	90,00 €	80,00 €	35,00 €	200,00 €	40,00 €

Dépense supplémentaire

	SORTIES
JUILLET	76,00 €
AOUT	150,00 €

Le budget

La liste des graphiques

2/ Cliquez sur la cellule B1. Tout en maintenant enfoncé le bouton de la souris, faites glisser le pointeur vers le bas pour sélectionner toutes les cellules.

3/ Insérez un graphique en utilisant l'une des méthodes suivantes :

➡ Dans la barre d'outils, cliquez sur le bouton **Graphique**. Dans la liste qui s'affiche, choisissez le graphique *Barres*.

➡ Dans le menu **Insertion**, sélectionnez la commande **Graphique**. Dans la liste des graphiques prédéfinis, choisissez **Barres**.

Les colonnes des graphiques représentent les données des recettes. La légende correspond aux titres de ces colonnes.

Le graphique

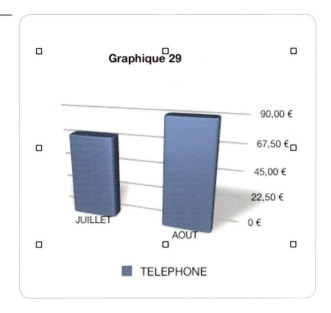

Les graphiques sont indépendants des tableaux. Si ce modèle ne vous satisfait pas, vous pouvez le supprimer et en choisir un autre. Les données des tableaux ne seront pas modifiées.

● Supprimer un graphique

Afin d'effacer un graphique, cliquez dessus pour le sélectionner puis utilisez l'une des méthodes suivantes :

➡ Appuyez sur la touche [Suppr].

➡ Dans le menu **Edition**, sélectionnez la commande **Supprimer**.

➡ Cliquez dessus du bouton droit. Dans le menu qui s'affiche, choisissez la commande **Supprimer**.

> **Mac Word**
>
> **Alice**
> Alice est le premier jeu réalisé pour Mac. Il s'agit d'un jeu d'échecs en 3D sorti en juin 1982.

Au lieu de supprimer le graphique, vous pouvez en choisir directement un autre.

● Appliquer un autre graphique

Appliquer un autre graphique consiste à représenter les données d'une autre manière.

Pour changer le graphique, effectuez les opérations suivantes :

1/ Cliquez du bouton droit sur le graphique. Dans le menu qui s'affiche, sélectionnez la commande **Type de graphique**.

2/ Dans la liste qui s'affiche, cliquez sur un graphique. Il remplace instantanément celui en place.

Le graphique circulaire

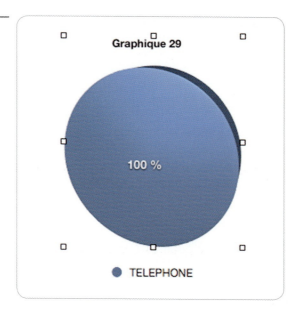

Mac-emu

Mac-emu.net (www.mac-emu.net) est le site de l'émulation sur Mac. Il recense les logiciels qui permettent de faire tourner un logiciel ou un jeu Windows sur Mac.

Mac Community

Revenez au graphique de départ. Vous pouvez modifier sa taille si vous le désirez.

Redimensionner un graphique

Pour modifier la taille du graphique, procédez comme suit :

1/ Cliquez sur le graphique. Un cadre de sélection muni de poignées s'affiche.

2/ Cliquez sur la poignée du coin inférieur droit. Tout en maintenant enfoncé le bouton de la souris, faites-la glisser en diagonale. Relâchez le bouton une fois que toutes les catégories sont visibles.

3/ Recommencez les étapes pour la légende, qui est maintenant située dans le graphique.

À présent, vous allez insérer dans le graphique les informations du deuxième tableau pour comparer les postes de dépenses Téléphone et Sorties.

Ajouter les données d'un deuxième tableau

Pour réaliser cette opération, vous devez avoir deux tableaux dont la mise en page est identique. Pour ajouter les données du deuxième tableau, procédez comme suit :

1/ Cliquez sur la cellule B1 puis, tout en maintenant enfoncé le bouton de la souris, faites glisser le pointeur vers le bas jusqu'à la cellule B3.

2/ Amenez le pointeur au bas des cellules sélectionnées. Le pointeur se transforme en main. Cliquez puis, tout en maintenant enfoncé le bouton de la souris, faites glisser la sélection sur le graphique. Le poste Sorties est venu s'ajouter à la catégorie Téléphone.

Ajouter des données au graphique

Une fois le graphique créé, vous avez la possibilité de modifier ses données.

● Modifier les données d'un graphique

Pour changer les données présentes dans un graphique, suivez ces étapes :

1/ Double-cltiquez dans la cellule B2 du poste Sorties.

2/ Saisissez le chiffre 80. Appuyez sur la touche [Entrée] pour valider votre saisie.

Le graphique se met à jour automatiquement.

Après avoir créé et modifié votre graphique, vous allez améliorer son aspect.

METTRE EN FORME UN GRAPHIQUE

Vous pouvez personnaliser les éléments d'un graphique ainsi que son contenu à votre convenance. Pour cela, Numbers met à votre disposition l'Inspecteur de graphiques. Tout d'abord, vous allez changer les couleurs.

● Modifier les couleurs d'un graphique

Pour attribuer une autre couleur au graphique, vous allez utiliser l'Inspecteur de graphiques. C'est une sous-fenêtre de l'Inspecteur. Il contient des options qui permettent de modifier l'apparence d'un graphique.

1/ Cliquez sur le graphique pour le sélectionner. Dans la barre d'outils, cliquez sur l'icône *Inspecteur* puis sur le bouton **Inspecteur de graphiques**.

L'Inspecteur de graphiques

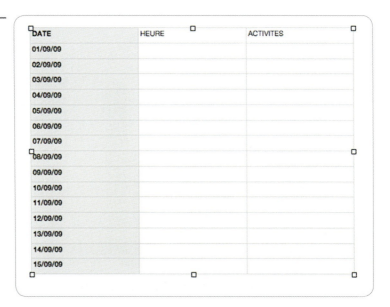

2/ Cliquez sur le bouton **Couleurs du graphique**. Une palette s'affiche. Dans le premier menu, choisissez *Remplissage avec texture 3D*. Dans le deuxième menu, sélectionnez *Couleur claire*. Cliquez sur le bouton **Tout appliquer**. Les couleurs sont instantanément appliquées au graphique. Cliquez sur l'icône rouge pour fermer le panneau.

Les couleurs appliquées au graphique

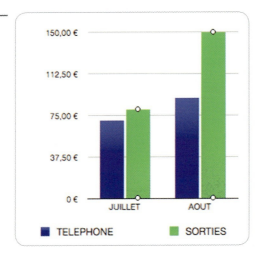

Poursuivez la mise en forme de votre graphique.

● Mettre en forme les barres

Mettre en forme les barres consiste à changer leur apparence.

1/ Laissez l'Inspecteur de graphiques ouvert. Dans la section *Format de la barre*, cliquez sur la flèche vers le haut de l'option *Espace entre les barres* plusieurs fois jusqu'à ce que la valeur affiche 30 %.

Le graphique modifié

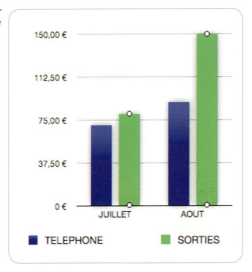

2/ Cliquez sur la flèche vers le haut de l'option *Espace entre les séries* jusqu'à afficher 130 %.

3/ Dans le menu **Ombre**, sélectionnez *Individuelle* afin d'appliquer une ombre à chaque barre du graphique.

À l'étape suivante, vous allez renommer le graphique.

Renommer un graphique

Par défaut, le graphique est nommé *Graphique 1*. Cela n'est pas explicite. Le fait de nommer un graphique permet de le retrouver dans une feuille de calcul. Pour modifier le titre, utilisez l'une des méthodes suivantes :

Le graphique renommé

➡ Dans le panneau *Feuilles*, double-cliquez sur le nom par défaut puis saisissez le texte `Part des dépenses`.

➡ Double-cliquez sur le titre par défaut du graphique. Entrez le texte précédent.

Votre prochaine tâche consiste à modifier l'arrière-plan du graphique.

Modifier la couleur de l'arrière-plan d'un graphique

Pour améliorer un graphique, vous pouvez changer son fond.

1/ Sélectionnez le graphique. Cliquez sur l'icône *Inspecteur de graphismes*.

L'Inspecteur de graphismes

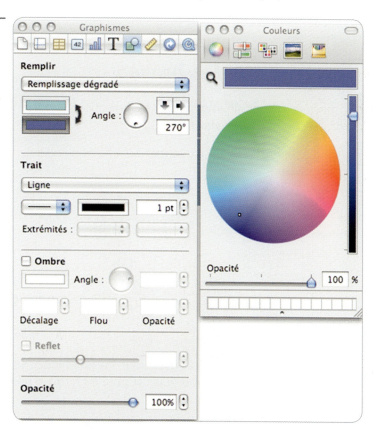

2/ Dans le menu **Remplir**, choisissez un *Remplissage dégradé*. Cliquez sur la couleur de début du dégradé. Dans le panneau *Couleurs*, faites glisser le curseur de la roue chromatique vers un bleu clair. Cliquez sur la couleur de fin du dégradé. Dans le panneau *Couleurs*, sélectionnez un bleu plus foncé.

L'arrière-plan du graphique

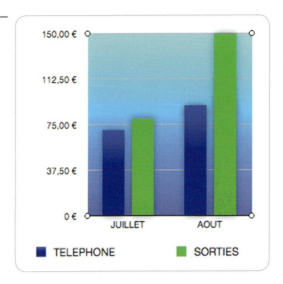

Dans la section *Ombre*, vous avez la possibilité de personnaliser l'ombre des barres.

● Modifier l'ombre des barres

La section *Ombre* de l'Inspecteur de graphismes propose des options qui règlent l'apparence de l'ombre des barres.

1/ Cliquez sur le graphique pour le sélectionner. Spécifiez un angle de 238° en saisissant la valeur dans le champ en question.

Les paramètres de l'option Ombre

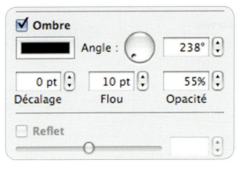

2/ Cliquez sur la flèche vers le bas de l'option *Opacité* jusqu'à ce que 70 % s'affiche. L'ombre sera ainsi moins marquée sur le graphique. Changez les valeurs des options *Décalage* et *Flou* à votre convenance.

Selon le graphique que vous choisissez, l'Inspecteur de graphiques vous propose d'autres options. Dans la section suivante, vous aborderez la mise en forme d'un graphique circulaire. Tout d'abord, changez le type de graphique actuel.

1/ Sélectionnez le graphique. Dans l'Inspecteur de graphiques, cliquez sur le bouton **Type de graphique**.

2/ Dans la liste qui s'affiche, choisissez le graphique circulaire 3D.

Votre prochaine tâche consiste à modifier son apparence.

● Mettre en forme un graphique circulaire

Par défaut, le graphique circulaire affiche une légende ainsi que les étiquettes des postes Dépenses. Vous pouvez modifier sa présentation dans l'Inspecteur de graphiques qui est resté ouvert.

L'Inspecteur de graphiques

1/ Cochez l'option *Afficher le titre* pour afficher le titre que vous avez attribué précédemment au graphique.

2/ Décochez l'option *Afficher la légende*. Dans la section *Étiquettes*, faites glisser le curseur *Position* vers la gauche pour modifier la position des chiffres des dépenses. Cochez l'option *Afficher le nom des séries* pour inclure le nom des postes de dépenses à comparer dans le graphique. Dans la section *Portions*, faites glisser le curseur *Explosion* vers la droite pour séparer les portions du graphique des dépenses. Faites glisser le curseur *Angle de rotation* pour modifier le sens des portions du graphique.

3/ Dans la section *Scène 3D*, ajustez l'angle du graphique en faisant glisser le pointeur sur l'une des flèches du bouton bleu. Faites glisser légèrement le curseur *Profondeur du graphique* vers la droite.

7 / Personnaliser une feuille de calcul

Le graphique
mis en forme

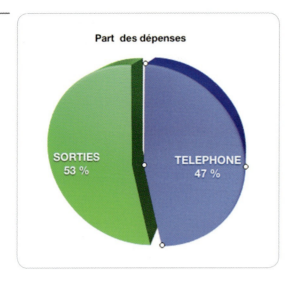

Pour agrémenter votre graphique, vous pouvez lui ajouter une figure.

INSÉRER UNE FIGURE

Une figure est un dessin géométrique qui permet, comme dans le cas présent, de pointer sur une donnée.

1/ Dans la barre d'outils, cliquez sur le bouton **Figure**.

2/ Dans la liste qui s'affiche, sélectionnez la deuxième flèche. Elle apparaît sur la feuille de calcul. Cliquez dessus puis, tout en maintenant enfoncé le bouton de la souris, faites-la glisser sur le poste Sorties.

3/ Placez-la dans la bonne position. Pour cela, cliquez sur le départ de la flèche. Le curseur se transforme en double flèche. Tout en maintenant enfoncé le bouton de la souris, faites-la glisser vers la gauche du poste Sorties. Des indications s'affichent au fur et à mesure du déplacement de la flèche.

Une fois une figure insérée, vous pouvez améliorer son aspect.

● Mettre en forme une figure

Mettre en forme une figure consiste à modifier son apparence à l'aide des options proposées dans la barre de formats.

1/ Cliquez sur la flèche pour la sélectionner si ce n'est déjà fait. Dans la barre de formats, cliquez sur le menu **Largeur de la ligne**. Dans la liste qui s'affiche, choisissez une largeur de *2 pt*. Cochez l'option *Ombre* pour lui appliquer une ombre.

La figure

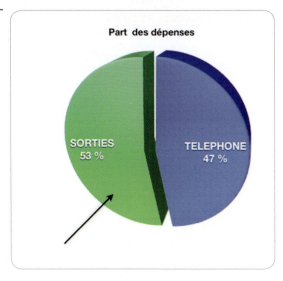

2/ Si l'extrémité ne vous convient pas, choisissez-en une autre dans le menu **Extrémités**. Elle remplacera instantanément l'extrémité actuelle.

Selon la figure que vous choisissez, les options dans la barre de formats sont différentes. Après avoir mis en forme la figure, vous allez l'aligner par rapport au graphique.

● Aligner une figure

Aligner une figure par rapport aux éléments d'une feuille de calcul permet d'uniformiser une présentation.

1/ Cliquez en haut du graphique. Tout en maintenant enfoncé le bouton de la souris, faites glisser le pointeur en diagonale de sorte d'englober le graphique et la figure. Les deux sont alors sélectionnés.

2/ Cliquez du bouton droit sur la sélection. Dans le menu qui s'affiche, sélectionnez la commande **Aligner les objets** puis l'alignement **Gauche**.

3/ Ajoutez une zone de texte via le bouton **Zone de texte**. Saisissez le texte `Poste à réduire`.

Pour conclure sur le sujet des graphiques, voyons comment coller dans Pages un graphique créé dans Numbers.

INSÉRER UN GRAPHIQUE DANS PAGES

Insérer un graphique dans Pages consiste à le copier avec ses attributs.

1/   Cliquez sur le graphique circulaire pour le sélectionner. Copiez-le en utilisant l'une des méthodes suivantes :

> ➡ Cliquez dessus du bouton droit. Dans le menu qui s'affiche, choisissez la commande **Copier**.

> ➡ Dans le menu **Edition**, sélectionnez la commande **Copier**.

2/   Lancez Pages. Dans la fenêtre **Liste de modèles**, double-cliquez sur le modèle *Vierge*.

3/   Collez le graphique via une de ces techniques :

> ➡ Dans le menu **Edition**, choisissez la commande **Coller**.

> ➡ Cliquez du bouton droit sur la page blanche. Dans le menu qui s'affiche, sélectionnez la commande **Coller**.

Dans la section suivante, vous allez modifier le graphique.

● Mettre à jour un graphique lié

Le graphique a été collé comme un lien. Cela signifie que lorsque vous effectuerez des modifications dans votre tableau, le graphique dans Numbers sera automatiquement mis à jour ainsi que celui que vous avez collé dans Pages.

1/   Dans le tableau des dépenses, modifiez le chiffre du poste Téléphone pour le mois de juillet. Pour cela, double-cliquez dans la cellule en question puis saisissez le chiffre 90. Appuyez sur la touche Entrée pour valider votre saisie. Le graphique se met à jour.

2/   Sauvegardez votre feuille de calcul en utilisant le raccourci clavier ⌘+S.

3/   Retournez dans Pages. Cliquez sur le graphique. La source du lien s'affiche. Pour mettre à jour le graphique, cliquez sur le symbole situé en regard de *Source : budget*. Le graphique dans Pages se met à jour automatiquement.

Après l'ajout et la mise en forme d'un graphique, la prochaine section aborde l'insertion d'images dans une feuille de calcul. Tout d'abord, ouvrez le fichier *liste_objets.numbers*.

Le graphique lié

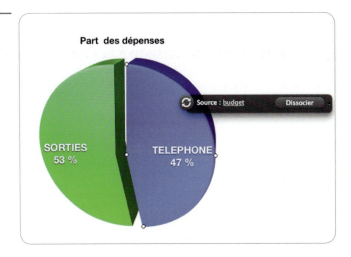

INSÉRER DES IMAGES

Insérer des images dans une feuille de calcul permet d'améliorer sa présentation ainsi que la compréhension des données. Numbers reconnaît les images aux formats JPEG, PSD (Photoshop), EPS, PICT et PDF. Pour ajouter une image, procédez comme suit :

1/   Dans la barre d'outils , cliquez sur le bouton **Données multimédias**. Dans le panneau qui s'affiche, cliquez sur le bouton **Photos**.

3/   Faites glisser la photo *lanterne.jpg* sur la feuille de calcul.

Insérer une photo

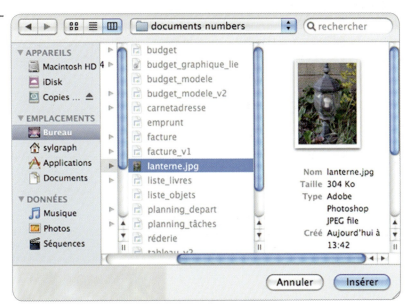

Comme dans Pages, vous pouvez modifier l'aspect d'une image sans quitter le logiciel.

● Retoucher une image

Retoucher une image consiste à changer son apparence et à effacer certaines portions. Pour améliorer la qualité de l'image importée, suivez ces étapes :

1/ Dans le menu **Présentation**, sélectionnez la commande **Afficher Ajuster l'image**. Faites glisser le curseur *Luminosité* vers la droite pour éclaircir l'image. Augmentez le contraste de la même manière que la luminosité.

2/ Cliquez sur le bouton **Améliorer** pour appliquer les paramètres définis.

Pour plus d'explications sur les options proposées, reportez-vous au chapitre Ajouter des éléments.

Lorsque vous importez une image, Numbers met à votre disposition les masques.

● Ajouter un masque

Un masque permet de spécifier la portion de l'image que vous souhaitez rendre invisible.

**Une image
dans un masque**

1/ Cliquez sur l'image pour la sélectionner.

2/ Dans le menu **Format**, sélectionnez la commande **Masquer**.

3/ Amenez le pointeur sur l'image. Il se transforme en main. Tout en maintenant enfoncé le bouton de la souris, faites glisser l'image. Par exemple, placez-la à droite du cadre du masque.

4/ Double-cliquez pour confirmer l'opération ou cliquez en dehors du masque.

Si aucune des figures ne vous convient, vous pouvez créer la vôtre.

Masquer une image avec une figure personnalisée

Une figure personnalisée est un dessin réalisé à l'aide des outils proposés par Numbers.

1/   Importez une troisième image via le navigateur de médias.

2/   Allez dans le menu **Insertion**. Sélectionnez la commande **Figure**.

3/   Dans la liste qui s'affiche, choisissez la commande **Dessiner à la plume**.

4/   Cliquez sur l'image. Le premier point de la figure est placé.

5/   Cliquez à divers empl acements puis revenez au point de départ. Un rond blanc s'affiche en regard de l'outil **Plume**. Il indique que vous pouvez fermer la figure tracée.

6/   Cliquez sur le point de départ. La figure est sélectionnée.

7/   Tout en maintenant enfoncée la touche [Maj], cliquez sur l'image.

8/   Dans le menu **Format**, sélectionnez la commande **Masquer avec la figure sélectionnée**.

Les images peuvent être importées dans des cellules sous la forme de vignettes.

Importer une image dans une cellule

Importer une image dans une cellule consiste à la transférer par exemple d'iPhoto vers Numbers. Pour importer une image dans une cellule, procédez comme suit :

1/   Ajoutez une colonne après la colonne *Objets*.

2/   Agrandissez le tableau.

3/   Faites glisser une image du navigateur des médias dans la première cellule.

8

Utiliser les fonctions avancées

Dans ce chapitre, vous aborderez l'utilisation des modèles de Numbers et des commentaires. Ensuite, vous imprimerez une feuille de calcul. Après avoir vu comment paramétrer votre document pour l'impression, vous apprendrez à l'exporter dans différents formats puis à l'envoyer par e-mail.

Tout d'abord, vous allez partir d'un modèle pour calculer votre emprunt.

UTILISER UN MODÈLE DE DOCUMENT

Un modèle de document est composé d'éléments fictifs que vous pouvez remplacer par vos propres données graphiques ou numériques.

1/ Lancez Numbers. La fenêtre **Liste de modèles** s'affiche. Elle vous propose une liste de modèles prédéfinis classés par catégories.

2/ Dans la colonne de gauche, cliquez sur la catégorie *Finance personnelle*. Les modèles apparaissent à droite sous la forme de vignettes. Pour les visualiser sans les ouvrir, déplacez le pointeur sur leur vignette.

Si la taille de la vignette des modèles ne vous convient pas, faites glisser la glissière vers la droite située en regard des boutons **Annuler** et **Choisir**.

3/ Cliquez sur le modèle *Calcul d'emprunt*.

4/ Cliquez sur le bouton **Choisir** pour ouvrir votre modèle dans Numbers.

5/ Comme vous pourrez le constater, le modèle s'affiche avec les explications sur son utilisation. Par exemple, dans ce modèle, il vous suffit de remplacer les valeurs en gras. Les autres valeurs seront automatiquement recalculées.

Calculer l'emprunt

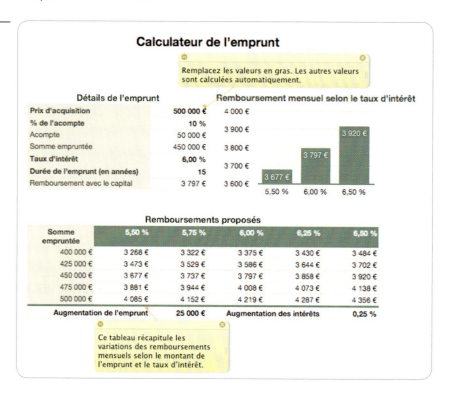

Calculateur de l'emprunt

> Remplacez les valeurs en gras. Les autres valeurs sont calculées automatiquement.

Détails de l'emprunt

Prix d'acquisition	500 000 €
% de l'acompte	10 %
Acompte	50 000 €
Somme empruntée	450 000 €
Taux d'intérêt	6,00 %
Durée de l'emprunt (en années)	15
Remboursement avec le capital	3 797 €

Remboursement mensuel selon le taux d'intérêt

5,50 %	6,00 %	6,50 %
3 677 €	3 797 €	3 920 €

Remboursements proposés

Somme empruntée	5,50 %	5,75 %	6,00 %	6,25 %	6,50 %
400 000 €	3 268 €	3 322 €	3 375 €	3 430 €	3 484 €
425 000 €	3 473 €	3 529 €	3 586 €	3 644 €	3 702 €
450 000 €	3 677 €	3 737 €	3 797 €	3 858 €	3 920 €
475 000 €	3 881 €	3 944 €	4 008 €	4 073 €	4 138 €
500 000 €	4 085 €	4 152 €	4 219 €	4 287 €	4 356 €

Augmentation de l'emprunt	25 000 €	Augmentation des intérêts	0,25 %

> Ce tableau récapitule les variations des remboursements mensuels selon le montant de l'emprunt et le taux d'intérêt.

6/ Pour aller à la deuxième page du modèle, cliquez sur *Données* dans le panneau *Feuilles*.

La deuxième feuille de calcul

Données sur l'imposition

Taux d'imposition	35 %

L'avoir fiscal n'est pas nécessairement en vigueur partout.

Données mensu...

Échéance	Remboursement du capital	Remboursement cumulé du capital	Paiement des intérêts	Paiement cumulé des intérêts	Solde du capital	Avoir fiscal
1	-1 547 €	-1 547 €	-2 250 €	-2 250 €	448 453 €	
2	-1 555 €	-3 102 €	-2 242 €	-4 492 €	446 898 €	
3	-1 563 €	-4 665 €	-2 234 €	-6 727 €	445 335 €	
4	-1 571 €	-6 236 €	-2 227 €	-8 953 €	443 764 €	
5	-1 579 €	-7 815 €	-2 219 €	-11 172 €	442 185 €	
6	-1 586 €	-9 401 €	-2 211 €	-13 383 €	440 599 €	
7	-1 594 €	-10 995 €	-2 203 €	-15 586 €	439 005 €	
8	-1 602 €	-12 598 €	-2 195 €	-17 781 €	437 402 €	
9	-1 610 €	-14 208 €	-2 187 €	-19 968 €	435 792 €	
10	-1 618 €	-15 826 €	-2 179 €	-22 147 €	434 174 €	
11	-1 626 €	-17 453 €	-2 171 €	-24 318 €	432 547 €	
12	-1 635 €	-19 088 €	-2 163 €	-26 481 €	430 912 €	9 268 €
13	-1 643 €	-20 730 €	-2 155 €	-28 635 €	429 270 €	
14	-1 651 €	-22 381 €	-2 146 €	-30 782 €	427 619 €	
15	-1 659 €	-24 041 €	-2 138 €	-32 920 €	425 959 €	
16	-1 668 €	-25 708 €	-2 130 €	-35 050 €	424 292 €	
17	-1 676 €	-27 384 €	-2 121 €	-37 171 €	422 616 €	
18	-1 684 €	-29 068 €	-2 113 €	-39 284 €	420 932 €	
19	-1 693 €	-30 761 €	-2 105 €	-41 389 €	419 239 €	
20	-1 701 €	-32 462 €	-2 096 €	-43 485 €	417 538 €	
21	-1 710 €	-34 172 €	-2 088 €	-45 573 €	415 828 €	
22	-1 718 €	-35 890 €	-2 079 €	-47 652 €	414 110 €	
23	-1 727 €	-37 617 €	-2 071 €	-49 722 €	412 383 €	
24	-1 735 €	-39 352 €	-2 062 €	-51 784 €	410 648 €	8 856 €
25	-1 744 €	-41 096 €	-2 053 €	-53 837 €	408 904 €	

7/ Enregistrez votre modèle via le menu **Fichier/Enregistrer sous**.

Si aucun des modèles ne vous convient, vous avez la possibilité de créer le vôtre. Votre prochaine tâche consiste à réaliser le modèle d'un budget.

CRÉER UN MODÈLE DE DOCUMENT

Un modèle de document peut se composer d'un ou de plusieurs tableaux formatés, de graphiques et d'images. Tout d'abord, votre première tâche consiste à indiquer les champs par défaut du tableau du modèle de budget, qui seront ensuite remplacés par vos propres valeurs.

8 / Utiliser les fonctions avancées

● Créer les champs par défaut d'un tableau

Les champs par défaut d'un tableau correspondent à des données fictives que vous remplacerez ensuite par les vôtres.

1/　Ouvrez le fichier *budget_modele.numbers*. Il est composé d'un tableau vide.

2/　Cliquez sur le tableau pour le sélectionner.

3/　Dans le panneau *Styles*, cliquez sur la flèche en regard du style *Contenu bleu*.

4/　Dans le menu qui s'affiche, cliquez sur *Créer un nouveau style*.

5/　Dans le champ *Nom d u style de tableau*, saisissez le texte `budget_depenses` puis cliquez sur OK. Le style figure à la fin de la liste des styles.

Créer un style

6/　Cliquez dans la cellule B1. Entrez le texte `Nom Poste dépense 1`.

7/　Cliquez sur la poignée de recopie située dans le coin inférieur droit de la cellule. Ensuite, faites-la glisser vers les cellules de droite.

8/　Cliquez dans la cellule A2. Saisissez le texte `Janvier`.

9/　Utilisez la poignée de recopie pour générer automatiquement la liste des mois.

10/　Cliquez dans la cellule B14. Dans la barre d'outils, cliquez sur le bouton **Fonction**. Dans la liste qui s'affiche, sélectionnez la fonction *Somme*.

11/　Recopiez la formule dans les autres cellules de droite avec la poignée de recopie.

Une fois que les champs par défaut sont indiqués, vous devez sauvegarder votre tableau.

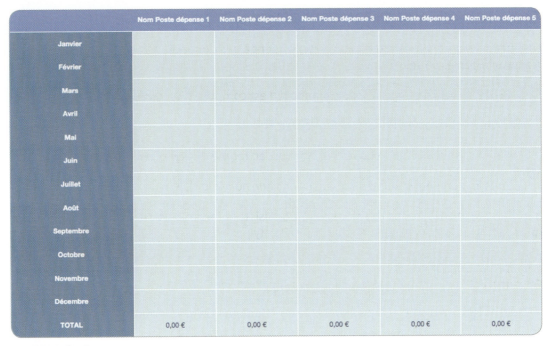

	Nom Poste dépense 1	Nom Poste dépense 2	Nom Poste dépense 3	Nom Poste dépense 4	Nom Poste dépense 5
Janvier					
Février					
Mars					
Avril					
Mai					
Juin					
Juillet					
Août					
Septembre					
Octobre					
Novembre					
Décembre					
TOTAL	0,00 €	0,00 €	0,00 €	0,00 €	0,00 €

Le tableau final

● Enregistrer un tableau

Enregistrer le tableau permet d'en conserver une copie sur le disque dur. Vous pourrez ainsi le modifier ultérieurement.

1/ Dans le menu **Format**, sélectionnez la commande **Avancé**.

2/ Dans la liste qui s'affiche, choisissez la commande **Capturer le tableau**.

3/ Le nom du tableau par défaut apparaît. Vous pouvez en saisir un autre.

Capturer le tableau

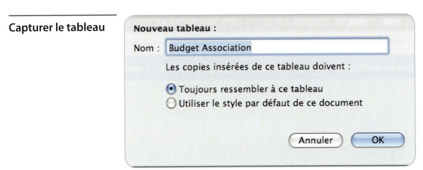

> **Nouveau tableau :**
>
> Nom : Budget Association
>
> Les copies insérées de ce tableau doivent :
>
> ◉ Toujours ressembler à ce tableau
> ○ Utiliser le style par défaut de ce document
>
> Annuler   OK

4/ Cliquez sur OK pour confirmer. Si vous cliquez sur le menu *Tableaux* dans la barre d'outils, vous vous apercevez que votre tableau figure désormais dans la liste des tableaux prédéfinis.

À la prochaine étape, sélectionnez les cellules B2 à B13. Ensuite, cliquez sur le bouton **Graphique** puis choisissez, dans la liste qui s'affiche, le graphique à colonnes.

Il s'agit à présent de créer un style pour votre graphique.

● Créer un style pour un graphique

Un style est un groupe de caractéristiques qui permet de modifier l'apparence d'un élément d'une feuille de calcul, dans le cas présent un graphique.

Pour créer un style, effectuez les opérations suivantes :

1/ Cliquez sur le graphique pour le sélectionner.

2/ Dans la barre d'outils, cliquez sur le bouton **Couleurs du graphique**.

Choisir une couleur

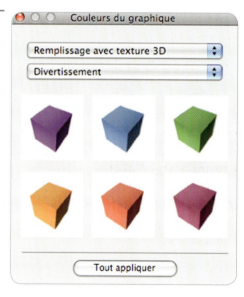

3/ Dans le panneau *Couleurs du graphique*, choisissez dans le deuxième menu *Divertissement*.

4/ Cliquez sur le bouton **Tout appliquer**. Comme pour l'instant il n'y a aucune donnée, les changements sont visibles uniquement au niveau de la légende du graphique.

5/ Allez dans le menu **Format**. Sélectionnez la commande **Avancé**.

6/ Dans la liste qui s'affiche, choisissez la commande **Définir un style par défaut pour Graphique à colonnes**.

7/ Dans la fenêtre qui s'affiche, acceptez les paramètres par défaut en cliquant sur OK.

Définir un style par défaut pour le graphique

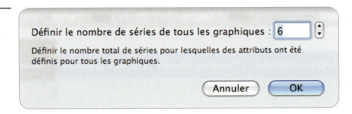

8/ Désélectionnez le graphique en utilisant l'une des méthodes suivantes :

→ Cliquez dans un emplacement vide de la feuille de calcul.

→ Utilisez le menu **Edition/Tout désélectionner**.

À la prochaine étape, vous allez ajouter un titre à votre modèle.

● Donner un titre à un modèle

Ajouter un titre au modèle permet de le définir, c'est-à-dire d'indiquer la nature du modèle que vous avez créé.

Pour ajouter le titre, suivez ces étapes :

1/ Dans la barre d'outils, cliquez sur le bouton **Zone de texte**.

Mac Malin

Ajouter une zone de texte

Pour ajouter une zone de texte, il existe une seconde méthode :

1/ Tout en maintenant enfoncée la touche ⌥, cliquez sur le bouton **Zone de texte** de la barre d'outils.

2/ Cliquez sur la feuille de calcul. Tout en conservant le bouton de la souris enfoncé, faites glisser le pointeur en diagonale.

3/ Une fois que la taille de la zone de texte vous convient, relâchez le bouton de la souris.

2/ Faites glisser la zone de texte en haut du tableau. Aidez-vous des repères pour l'aligner par rapport au tableau.

3/ Cliquez dedans puis saisissez le texte Budget de l'Association.

4/ Dans la barre de formats, choisissez la police *Arial* puis le style *Gras*.

5/ Augmentez la taille : choisissez *18 pt*.

Budget de l'association	Nom Poste dépense 1	Nom Poste dépense 2	Nom Poste dépense 3	Nom Poste dépense 4	Nom Poste dépense 5
Janvier					
Février					
Mars					
Avril					
Mai					
Juin					
Juillet					
Août					
Septembre					
Octobre					
Novembre					
Décembre					
TOTAL	0,00 €	0,00 €	0,00 €	0,00 €	0,00 €

Le modèle de budget intermédiaire

À présent, il s'agit d'ajouter une séparation entre le titre et le tableau. Pour cela, vous utiliserez une figure.

● Ajouter une figure

Une figure est un dessin qui permet d'améliorer la présentation d'un modèle.

Pour ajouter une figure, procédez comme suit :

1/ Dans la barre d'outils, cliquez sur le menu **Figures**.

Ajouter une figure

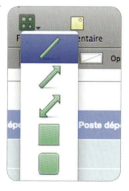

2/ Dans la liste qui s'affiche, choisissez la première figure, une ligne verticale.

3/ Faites-la glisser entre le tableau et le titre.

4/ Agrandissez-la. Pour cela, cliquez sur son extrémité. Tout en maintenant enfoncés le bouton de la souris et la touche Maj, faites-la glisser vers la droite jusqu'à la fin du tableau.

Votre prochaine tâche consiste à insérer un lien hypertexte.

● Insérer un lien hypertexte

Un lien hypertexte est une adresse Internet. C'est un moyen rapide de vous y rendre. Les liens hypertextes ainsi que les adresses e-mail sont automatiquement reconnus par Numbers, à condition que cette option soit activée dans le menu **Préférences**.

1/ Allez dans le menu **Numbers**. Sélectionnez la commande **Préférences**.

2/ Dans la fenêtre **Préférences Général**, cliquez sur l'onglet **Correction automatique**.

3/ Cochez, si ce n'est déjà fait, l'option *Détecter automatiquement les adresses électroniques et celles de pages web*.

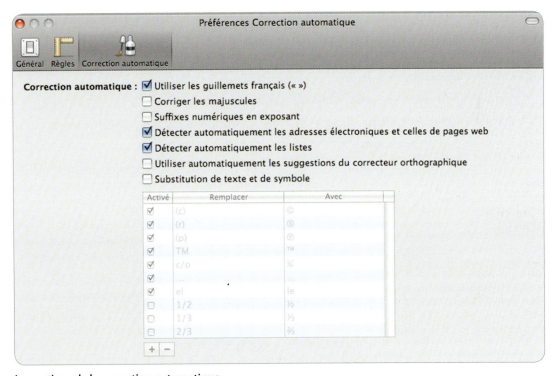

Les options de la correction automatique

Pour insérer un lien hypertexte, suivez ces étapes :

1/ Dans la barre d'outils, cliquez sur le bouton **Zone de texte**.

2/ Faites glisser la zone de texte à droite du titre.

3/ Entrez `www.nomassociation.fr`.

4/ Cliquez dans un emplacement vide de la feuille de calcul pour confirmer la saisie. Le nom du site web de votre association est automatiquement converti en lien hypertexte.

Insérer un lien hypertexte

www.nomassociation.fr

Si vous cliquez sur le lien, celui-ci vous amène directement sur le site de l'association. Il s'agit maintenant d'ajouter une photo fictive que vous pourrez remplacer par la vôtre ultérieurement.

● Ajouter une image fictive

Une image est dite «fictive» dans le sens où elle sera remplacée par une autre image à la convenance de l'utilisateur.

Pour insérer une image fictive, procédez comme suit :

1/ Dans le menu **Insertion**, sélectionnez la commande **Choisir**.

2/ Dans la fenêtre qui s'affiche, cliquez sur l'image *association.jpg* pour la sélectionner.

3/ Cliquez sur le bouton **Insérer**.

4/ Dans la barre d'outils, cliquez sur l'icône *Inspecteur* puis sur le bouton **Inspecteur de mesures**.

L'Inspecteur de mesures

5/ Réduisez la taille de l'image originale. Dans la section *Taille*, entrez une valeur dans les champs *Largeur* et *Hauteur*.

6/ Dans la section *Rotation*, faites glisser le curseur de rotation pour faire pivoter légèrement la photo.

7/ Dans la barre de formats, cliquez sur le menu *Style de trait*.

8/ Dans la liste qui s'affiche, choisissez le deuxième cadre.

9/ Dans le menu **Format**, choisissez la commande **Avancé**.

10/ Dans la liste qui s'affiche, sélectionnez la commande **Définir comme paramètre fictif de média**.

Définir une image par défaut

Si vous placez le pointeur sur l'image, une information vous indique qu'il s'agit d'un paramètre fictif. Vous pourrez donc ultérieurement remplacer l'image par défaut par une autre.

La réalisation du modèle touche à sa fin. Il ne vous reste plus qu'à ajouter des commentaires.

● Ajouter des commentaires

Les commentaires sont des explications permettant à l'utilisateur de comprendre le fonctionnement du modèle.

Pour ajouter un commentaire, utilisez l'une des méthodes suivantes :

➡ Dans la barre d'outils, cliquez sur le bouton **Commentaire**. Le commentaire s'affiche sous la forme d'une note. Le curseur clignote. Vous pouvez commencer la saisie.

➡ Dans le menu **Insertion**, sélectionnez la commande **Commentaire** puis saisissez votre texte.

Une fois que le texte du commentaire est saisi, vous pouvez le mettre en forme avec les options de la barre de formats puis le manipuler :

➡️ Pour déplacer votre commentaire, cliquez dessus puis, tout en maintenant enfoncé le bouton de la souris, faites-le glisser à droite du tableau.

➡️ Pour fermer votre commentaire, cliquez sur l'icône en forme de croix dans le coin supérieur droit.

Ajouter un commentaire

➡️ Si vous souhaitez modifier la taille du commentaire, amenez le pointeur dans le coin inférieur droit. Le curseur se transforme en double flèche. Cliquez dessus puis, tout en maintenant enfoncé le bouton de la souris, faites glisser le pointeur en diagonale pour agrandir la taille du commentaire.

Mac Community

MacApplication.net
Si vous êtes à la recherche d'applications gratuites pour votre Mac, ce site (http://macapplication.net) en dresse la liste dans la rubrique Screencasts. Il est également doté d'un blog.

Une fois que votre modèle est terminé, votre prochaine tâche consiste à le sauvegarder en tant que tel.

● Enregistrer comme modèle

Le fait de l'enregistrer comme modèle vous permettra de l'utiliser ultérieurement.

Pour sauvegarder votre feuille de calcul, suivez ces étapes :

1/ Dans le menu **Fichier**, sélectionnez la commande **Enregistrer comme modèle**. Une fenêtre s'affiche.

2/ Dans le champ *Exporter comme*, saisissez le texte `budget Association`. Il sera sauvegardé par défaut dans le dossier *Mes modèles* de Numbers. Vous pouvez créer un autre dossier via le bouton **Nouveau dossier**.

3/ Parmi les options disponibles, vous avez la possibilité d'inclure une vignette du document.

4/ Cliquez sur le bouton **Enregistrer**.

Enregistrer comme modèle

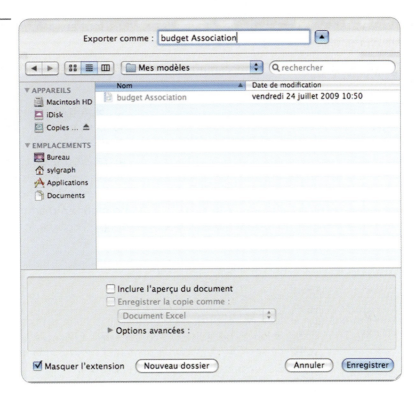

Le modèle *budget Association* figure désormais dans la liste des modèles disponibles.

Pour le vérifier, procédez comme suit :

1/ Dans le menu **Fichier**, sélectionnez la commande **Créer à partir de la liste de modèles**.

2/ Cliquez sur la catégorie *Mes modèles*. Le modèle *budget Association* y figure.

Dans la prochaine section, vous allez imprimer le modèle de budget que vous avez réalisé. Tout d'abord, ouvrez-le via le raccourci clavier +⟨O⟩.

IMPRIMER UNE FEUILLE DE CALCUL

Il s'agit maintenant de vérifier l'aspect qu'aura votre budget avant sa sortie finale. En effet, ce que vous voyez à l'écran ne reflète pas ce que vous souhaitez imprimer sur papier. Numbers vous propose le mode Aperçu avant impression pour modifier la mise en page de votre feuille de calcul.

● Modifier la mise en page

Le mode Aperçu vous permet d'organiser les éléments de votre feuille de calcul et de voir où la page se termine.

Activez le mode Aperçu avant impression en utilisant l'une des méthodes suivantes :

➡ Cliquez sur l'icône située en regard du pourcentage d'affichage dans la barre d'état.

➡ Dans le menu **Fichier**, sélectionnez la commande **Afficher l'aperçu avant impression**.

Comme vous pourrez le constater, le tableau est coupé en plusieurs parties, de même que le graphique. La photo et le nom de l'association sont sur une autre page.

Pour modifier la mise en page du budget, suivez ces étapes :

1/ Cliquez sur le tableau où figure le titre du modèle pour le sélectionner.

2/ Utilisez la glissière *Échelle du contenu* pour diminuer la taille du tableau. Cliquez dessus puis, tout en maintenant enfoncé le bouton de la souris, faites-la glisser vers la gauche.

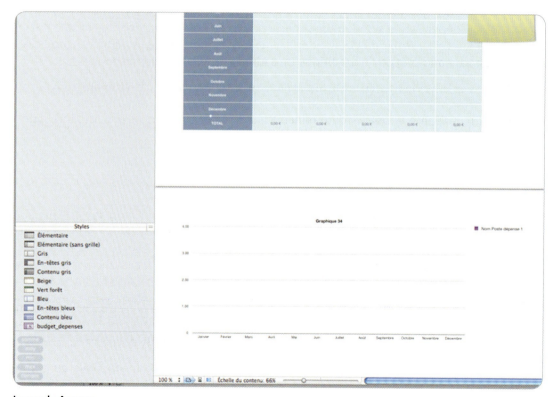

Le mode Aperçu

> **Mac Malin**
>
> **Modifier la taille du tableau**
>
> 1/ Dans la barre d'outils, cliquez sur l'icône *Inspecteur* puis sur le bouton **Inspecteur de mesures**.
>
> 2/ Dans le champ *Largeur*, saisissez le chiffre 20 puis appuyez sur la touche Entrée pour valider.
>
> 3/ Dans le champ *Hauteur*, entrez le chiffre 12 puis validez.

3/ Déplacez le tableau en le faisant glisser puis agrandissez-le pour réajuster sa taille si besoin.

4/ Cliquez sur la ligne de séparation qui tient sur deux pages.

5/ Ouvrez l'Inspecteur de mesures.

6/ Dans le champ *Fin*, cliquez sur la flèche vers le bas pour réduire la largeur de la ligne. Elle doit mesurer 24,2 cm.

7/ Faites glisser la photo ainsi que le lien hypertexte sur la première page.

8/ Diminuez la taille de la photo en entrant une valeur dans le champ *Largeur* de la section *Taille* de l'Inspecteur de mesures.

9/ Le graphique doit figurer sur la deuxième page. Si vous diminuez sa taille actuelle, les étiquettes des dépenses ne seront plus visibles en totalité. Vous allez choisir un autre type de graphique. Pour cela, cliquez du bouton droit sur le graphique. Dans la liste qui s'affiche, sélectionnez les commandes **Type de graphique** puis **Circulaire 3D**.

10/ Désactivez le mode Aperçu via le menu **Fichier/Masquer l'aperçu avant impression**.

Dans la section suivante, vous allez déterminer la taille du papier sur lequel sera imprimée votre feuille de calcul.

● Modifier le format

Contrairement aux autres logiciels fonctionnant sur le Mac, Numbers propose la mise en page du document, non pas dans le menu **Fichier**, mais dans l'Inspecteur de documents. C'est une sous-fenêtre de l'Inspecteur. Il contient des options pour choisir le format du papier d'impression. Vous pouvez également y placer des informations qui vous permettront de retrouver votre document sur votre disque dur.

Définir la taille
du papier

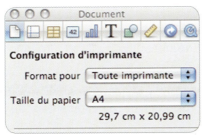

1/ Dans la barre d'outils, cliquez sur l'icône *Inspecteur* puis sur le bouton **Inspecteur de documents**.

2/ Dans le menu *Taille du papier*, sélectionnez l'un des formats proposés.

Après avoir modifié la mise en page de votre feuille de calcul et choisi le format du papier, vous pouvez définir les paramètres de son impression.

● Paramétrer l'impression

Les paramètres d'impression permettent de spécifier de quelle manière la feuille de calcul sera imprimée.

Pour paramétrer l'impression de la feuille de calcul, procédez comme suit :

1/ Dans le menu **Fichier**, sélectionnez la commande **Imprimer**. Une fenêtre s'affiche. Dans la partie de gauche, vous pouvez visualiser les éléments de la feuille de calcul en utilisant les boutons de navigation. Dans la partie de droite, figurent les options d'impression.

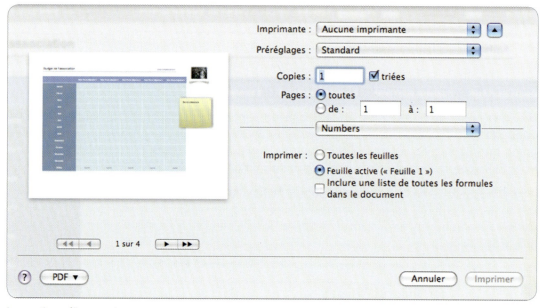

Les options d'impression

2/ Cliquez sur la flèche située en regard du champ *Imprimante* pour accéder aux options d'impression.

3/ Dans le champ *Imprimante*, sélectionnez votre imprimante.

4/ Laissez le menu *Préréglages* sur *Standard*.

5/ Dans le champ *Copies*, choisissez le nombre d'exemplaires à imprimer.

6/ Sélectionnez les pages que vous souhaitez imprimer. Vous pouvez toutes les imprimer ou n'imprimer par exemple que la page contenant le tableau. Dans ce cas de figure, il vous suffit de cliquer sur le bouton situé en regard de l'option *de* et d'indiquer dans les champs les numéros de pages à imprimer.

7/ Dans la section *Imprimante*, vous avez la possibilité d'imprimer toutes les feuilles ou la feuille active. Vous pouvez également y inclure les formules du document.

8/ Cliquez sur le bouton **Imprimer** une fois vos paramètres choisis.

Comme dans Pages, vous pouvez vérifier l'orthographe de vos textes. Ouvrez le fichier *budget_orthographe.numbers*.

CORRIGER L'ORTHOGRAPHE

Corriger l'orthographe de votre document le rend plus crédible aux yeux de votre lecteur. La vérification de l'orthographe peut être réalisée de deux manières différentes :

➡ soit lors de la saisie du texte ;

➡ soit après la saisie.

● Vérifier l'orthographe lors de la saisie

La vérification de l'orthographe lors de la saisie consiste à corriger au fur et à mesure les mots mal orthographiés.

Pour activer la vérification lors de la saisie, suivez ces étapes :

1/ Allez dans le menu **Edition**. Ensuite, sélectionnez la commande **Orthographe**.

2/ Dans la liste qui s'affiche, choisissez la commande **Vérifier l'orthographe lors de la frappe**.

Si un mot apparaît avec une ligne pointillée rouge, cela signifie qu'il n'est pas dans le dictionnaire.

Pour corriger un mot, suivez ces étapes :

Mémoriser un mot

1/ Cliquez du bouton droit sur le mot *bugdet*. Dans le menu qui s'affiche, plusieurs propositions de correction apparaissent.

2/ Cliquez dessus pour remplacer le mot mal orthographié.

3/ Vous pouvez choisir également de le sauvegarder dans le dictionnaire par le biais de la commande **Mémoriser l'orthographe**.

4/ Si la proposition de mot vous semble incorrecte, choisissez la commande **Ignorer l'orthographe**.

Si vous ne souhaitez pas corriger vos fautes lors de la frappe, vous pouvez réaliser la vérification orthographique manuellement à partir de l'emplacement de votre curseur.

● Vérifier l'orthographe manuellement

La vérification manuelle de l'orthographe est à utiliser lorsque le texte est relativement court.

Pour corriger manuellement le mot *bugdet*, procédez comme suit :

1/ Double-cliquez dessus afin de le sélectionner.

2/ Dans le menu **Edition**, sélectionnez la commande **Orthographe**.

3/ Dans la liste qui s'affiche, choisissez la commande **Vérifier l'orthographe**. Numbers place le mot *bugdet* mal orthographié dans un cadre bleu.

4/ Cliquez dessus du bouton droit. Dans le menu qui s'affiche, sélectionnez la première proposition de correction.

5/ Appuyez sur les touches ⌘+⌈⁏⌉ (point-virgule) pour aller au mot suivant.

Pour vérifier l'orthographe de votre texte, vous disposez également de la commande **Orthographe**.

RECHERCHER ET REMPLACER

Vous pouvez saisir les termes de votre recherche dans un champ disponible à cet effet puis remplacer le mot à corriger là où il est situé. Vous pouvez également utiliser la fonction Rechercher et remplacer pour procéder aux recherches et aux modifications directement depuis une fenêtre.

Rechercher et remplacer consiste à indiquer dans une boîte de dialogue l'information à rechercher et à modifier.

1/ Dans le panneau *Rechercher*, cliquez sur le bouton **Rechercher et remplacer**. Une fenêtre s'affiche.

2/ Dans le champ *Rechercher*, saisissez le texte `Nom Poste`.

La fenêtre Rechercher et remplacer

3/ Dans le menu situé en dessous, sélectionnez le lieu de la recherche. Vous avez le choix entre :

- → *tout le document* ;

- → *la feuille active uniquement* ;

- → *les formules uniquement*.

Choisissez *la feuille active uniquement*.

4/ Laissez les deux options *Respecter la casse* et *Mots entiers* décochées.

→ La première option signifie que la recherche sera centrée sur les mots *Nom poste* en minuscules. S'ils sont en majuscules, ils seront ignorés.

→ La deuxième option indique à Numbers de lancer une recherche uniquement sur le mot dans sa totalité, et non pas sur quelques syllabes du mot en question.

5/ Dans le champ *Remplacer*, indiquez le texte `Nom du Poste`.

6/ En dessous de ce champ, trois boutons vous permettent de corriger ces mots :

→ **Tout remplacer** modifiera tous les mots *Nom poste* figurant dans la feuille de calcul.

→ **Remplacer** ne corrigera que les mots *Nom poste* sélectionnés.

→ **Rechercher et remplacer** remplacera automatiquement le mot *Nom poste* par *Nom du Poste*.

7/ Cliquez sur le bouton **Rechercher et remplacer** puis sur le bouton **Remplacer**.

Si le destinataire du document ne dispose pas d'iWork ou si vous souhaitez mettre votre fichier à disposition sur Internet, vous avez la possibilité de le convertir dans d'autres formats.

EXPORTER UN DOCUMENT

Numbers permet l'enregistrement de documents aux formats Excel et PDF, couramment utilisés par les utilisateurs de PC et de Mac.

● Exporter au format Excel

Pour exporter votre feuille de calcul au format Excel, suivez ces étapes :

1/ Allez dans le menu **Fichier**. Sélectionnez la commande **Enregistrer sous**. Une fenêtre s'affiche.

2/ Cliquez sur la flèche en regard du champ *Enregistrer sous* pour afficher les options d'enregistrement.

3/ Cochez l'option *Enregistrer la copie comme*.

4/ Dans le menu situé en dessous, choisissez *Document Excel*.

Enregistrer
au format Excel

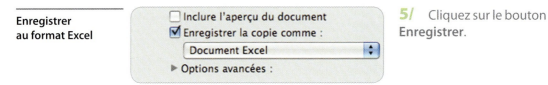

5/ Cliquez sur le bouton **Enregistrer**.

Si vous comptez mettre votre document sur le Net ou l'envoyer par courrier électronique, vous devez l'exporter au format PDF.

● Exporter au format PDF

Pour exporter une feuille de calcul au format PDF, suivez ces étapes :

1/ Dans le menu **Fichier**, sélectionnez la commande **Imprimer**.

2/ Cliquez sur la flèche du bouton **PDF**.

3/ Dans la liste qui s'affiche, sélectionnez la commande **Enregistrer en format PDF**. La fenêtre **Enregistrer** s'affiche.

4/ Dans le champ *Enregistrer sous*, saisissez le nom de votre document.

5/ Spécifiez le dossier d'enregistrement ou créez-en un via le bouton **Nouveau dossier**.

6/ Dans la partie inférieure de la fenêtre, vous avez la possibilité de :

> ➜ saisir un titre ;

> ➜ indiquer l'auteur et la nature du document ;

> ➜ entrer des mots-clés pour faciliter sa recherche au sein de votre Mac.

7/ Vous pouvez protéger votre document par un mot de passe. Pour cela, cliquez sur le bouton **Options de sécurité**.

8/ Dans la fenêtre qui s'affiche, saisissez votre mot de passe. Vous pouvez choisir de protéger le document uniquement contre la copie ou l'impression.

9/ Cliquez sur OK.

**Les options
d'enregistrement
PDF**

10/ Cliquez sur le bouton **Enregistrer** pour valider les paramètres d'enregistrement au format PDF.

Lorsque vous enregistrez un document, vous avez la possibilité de le protéger par un mot de passe.

ENVOYER PAR E-MAIL

Pour envoyer par courrier électronique votre document, suivez ces étapes :

1/ Allez dans le menu **Partage**. Sélectionnez la commande **Envoyer par courrier électronique**.

2/ Choisissez d'envoyer votre document au format PDF. Il figure dans la fenêtre de rédaction de l'e-mail.

3/ Dans le champ *À*, indiquez le destinataire.

4/ Dans le champ *Cc*, spécifiez si besoin le deuxième destinataire qui recevra l'e-mail en copie.

5/ Dans le champ *Objet*, saisissez la nature de votre e-mail.

6/ Saisissez votre message.

7/ Cliquez sur le bouton **Envoyer**.

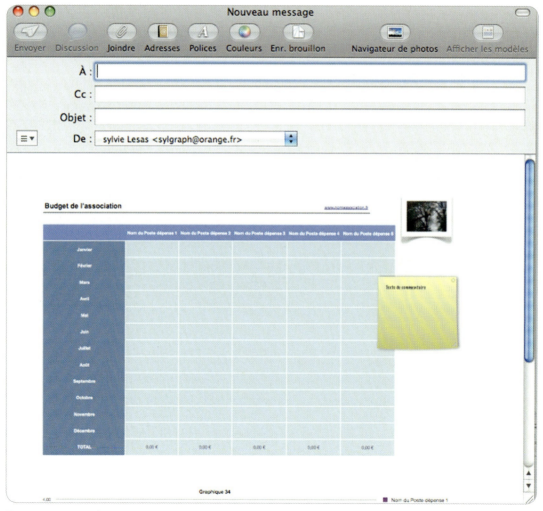

Envoyer par e-mail

9

Créer une présentation

Keynote est un logiciel de présentation. Dans ce chapitre, vous aborderez ses fonctions élémentaires par le biais d'un exemple : la réalisation de la présentation de vos photos. Tout d'abord, vous verrez comment lancer le logiciel. Vous apprendrez à utiliser un modèle. Vous poursuivrez votre apprentissage avec la saisie de texte et l'importation de photos. Vous allez mettre en forme et animer le texte de la première diapositive. Ensuite, vous verrez comme créer un lien hypertexte. Vous poursuivrez en modifiant l'image de la deuxième diapositive. Vous continuerez l'élaboration de votre présentation en ajoutant un tableau et un graphique.

OUVRIR KEYNOTE

Voici une des méthodes pour ouvrir Keynote :

1/ Double-cliquez sur *Macintosh HD* puis sur le dossier *Applications*.

2/ Double-cliquez sur le dossier *iWork'09* puis sur l'icône de Keynote.

Une fois lancé, Keynote s'ouvre sur la fenêtre **Liste de thèmes**. Vous allez en choisir un pour votre galerie de photos.

PARTIR D'UN THÈME

Dans Keynote, ce sont des thèmes qui sont proposés. Il s'agit en fait de modèles. Keynote propose quarante-quatre thèmes prédéfinis affichés sous forme de vignettes. Contrairement à Pages et à Numbers, Keynote ne les classe pas par catégories. Vous pouvez créer vos propres thèmes ou en acheter en ligne.

1/ Pour modifier la taille des vignettes, faites glisser le curseur de la glissière d'affichage vers la gauche ou vers la droite selon que vous souhaitez la diminuer ou l'augmenter.

2/ Pour visualiser l'ensemble des thèmes disponibles, cliquez dans le coin inférieur droit de la fenêtre. Tout en maintenant enfoncé le bouton de la souris, faites glisser le pointeur en diagonale vers le bas pour élargir la fenêtre.

3/ Avant de choisir votre thème, sélectionnez dans le menu *Taille des diapos*, 1 024 × 768. Ouvrez le thème *Galerie* dans Keynote. Pour cela, double-cliquez dessus ou cliquez sur le bouton **Choisir**.

Le thème Galerie

Le modèle s'affiche. Il s'agit maintenant de saisir votre texte.

SAISIR DU TEXTE

Pour entrer du texte, suivez ces étapes :

1/ Double-cliquez dans le cadre du haut. Saisissez le texte `Ma galerie`.

2/ Double-cliquez dans le cadre du bas. Entrez le texte `2009-2010`.

Saisir du texte

À l'étape suivante, vous allez ajouter une diapositive.

AJOUTER UNE DIAPOSITIVE

Pour insérer une nouvelle diapositive, utilisez l'une des méthodes suivantes :

➡ Dans la barre d'outils, cliquez sur le bouton **Nouveau**.

➡ Cliquez du bouton droit sur la diapositive actuelle dans le navigateur de diapositives. Dans le menu qui s'affiche, choisissez la commande **Nouvelle diapositive**.

➡ Dans le menu **Diapositive**, sélectionnez la commande **Nouvelle diapositive**.

Il s'agit à présent de modifier le modèle de la deuxième diapositive.

APPLIQUER UN MODÈLE

Un modèle est un ensemble de caractéristiques qui permet de représenter les informations d'une manière différente.

Pour modifier le modèle actuel de la deuxième diapositive, suivez ces étapes :

1/ Dans la barre d'outils, cliquez sur le bouton **Modèles**.

2/ Dans la liste qui s'affiche, choisissez le modèle *Photo-Horizontale*. Il s'applique automatiquement à la diapositive.

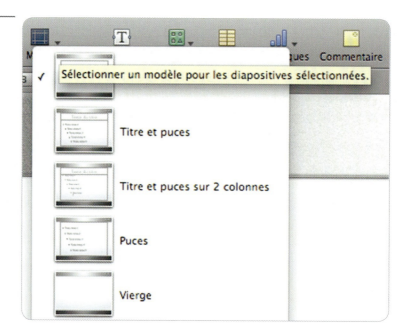

Dans la section suivante, vous allez dupliquer quatre fois la deuxième diapositive.

DUPLIQUER UNE DIAPOSITIVE

Dupliquer une diapositive consiste à générer la copie exacte de l'original. La présentation sera identique au niveau des deux diapositives.

Pour dupliquer une diapositive, appliquez une de ces méthodes :

➡ Cliquez du bouton droit sur la diapositive 2. Dans le menu qui s'affiche, choisissez la commande **Dupliquer**.

➡ Dans le menu **Edition**, sélectionnez la commande **Dupliquer**.

À présent, vous allez remplacer la photographie fictive.

IMPORTER UNE PHOTO

Pour importer une photo, procédez comme suit :

1/ Dans la barre d'outils, cliquez sur le bouton **Données multimédias** puis sur l'onglet **Photos**.

2/ Cliquez sur la flèche en regard d'iPhoto. Faites glisser la photo *zoo1.jpg* sur l'image fictive. Importez les autres photos *zoo2.jpg*, *zoo3.jpg*, *zoo4.jpg* dans les diapositives 3, 4 et 5.

Importer des photos

L'étape suivante consiste à modifier l'apparence du texte.

METTRE EN FORME DU TEXTE

Pour modifier l'aspect de votre texte, vous avez à votre disposition la **barre de formats, l'Inspecteur de texte et la fenêtre Polices.**

● Utiliser la barre de formats

La barre de formats est composée d'options qui permettent de modifier l'apparence du texte d'une présentation. Elle est située au-dessus de la diapositive à l'écran. C'est un moyen rapide d'appliquer des attributs à un texte : un simple clic suffit.

La barre de formats

1/   Sélectionnez le texte *Ma galerie*. Dans le menu *Famille de polices*, choisissez la police de caractères *Corbel*. Dans le menu *Style*, sélectionnez *Bold Italic*.

2/   Dans le menu *Taille*, entrez la valeur 144. Cliquez sur le cadre de couleur pour modifier la couleur du texte. Dans le panneau qui s'affiche, choisissez une couleur bleutée.

Les attributs de texte

Il s'agit à présent d'utiliser l'Inspecteur de texte.

METTRE EN FORME AVEC L'INSPECTEUR DE TEXTE

L'Inspecteur de texte est une sous-fenêtre de l'Inspecteur. Il contient d'autres options par rapport à la barre de formats, permettant de modifier l'apparence d'un texte.

L'Inspecteur de texte

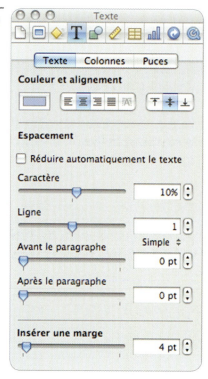

1/   Dans la barre d'outils, cliquez sur l'icône *Inspecteur* puis sur le bouton **Inspecteur de texte**. Cliquez sur l'onglet **Texte**.

2/   Dans la section *Couleur et alignement*, cliquez sur le deuxième bouton de la troisième catégorie de boutons. Le texte sera aligné dans son cadre. Dans la section *Espacement*, faites glisser le curseur *Caractère* vers la droite jusqu'à la valeur 10 %.

À l'étape suivante, vous allez poursuivre la mise en forme du texte avec la fenêtre **Polices**.

● Utiliser la fenêtre Polices

La fenêtre **Polices** offre des options supplémentaires par rapport à la barre de formats et à l'Inspecteur de texte pour la mise en forme du texte.

1/ Sélectionnez le texte *2009-2010*. Ouvrez la fenêtre **Polices** via le raccourci clavier ⌘+T. Dans la fenêtre **Polices**, choisissez la police de caractères *Chaparral Pro* dans la colonne *Nom de police*.

2/ Dans la colonne *Style*, sélectionnez *Bold*. Dans le champ *Taille*, entrez la valeur 18. Cliquez sur l'icône rouge pour fermer la fenêtre.

Votre prochaine tâche consiste à placer du texte sous la forme d'une liste.

CRÉER UNE LISTE

Une liste est un ensemble de données représentées de manière verticale.

1/ Dans le navigateur de diapositives, cliquez sur la deuxième diapositive. Dans le menu *Modèles*, choisissez *Titre et puces*.

2/ Dans le deuxième cadre, entrez le texte Le lama puis appuyez sur la touche Entrée pour passer à la ligne suivante.

3/ Recommencez l'étape 3 pour mettre les textes L'éléphant, Le cygne, Le manchot et Les oiseaux sous forme de liste à puces. Sélectionnez la liste. Cliquez sur l'icône *Inspecteur de texte* puis sur l'onglet **Puces**.

Il s'agit à présent d'animer le texte de la première diapositive.

ANIMER DU TEXTE

L'animation du texte ne peut fonctionner que si la deuxième diapositive contient du texte. Pour animer le texte, suivez ces étapes :

1/ Dans la barre d'outils, cliquez sur l'icône *Inspecteur* puis sur le bouton **Inspecteur de diapositives**. Cliquez sur l'onglet **Transitions** pour l'ouvrir.

2/   Cliquez sur la flèche du menu *Effet* pour afficher la liste des effets disponibles. Ces derniers sont classés par catégories (effets sur le texte, effets sur les objets, effets 3D).

3/   Sélectionnez l'effet *Chatoiement*. Vous avez un aperçu de l'effet au-dessus du menu. Selon l'effet que vous choisirez, le menu *Direction* sera activé. Par exemple, si vous choisissez la transition *Anagramme*, vous avez la possibilité de définir le déplacement des lettres animées, dans le menu *Direction*.

4/   Dans le champ *Durée*, indiquez la valeur `1.00` s. Cela signifie que la transition vers la deuxième diapositive aura lieu 1 seconde après l'affichage de la première. Dans le menu *Commencer la transition*, choisissez *Automatiquement* afin que l'effet choisi s'applique sans votre intervention.

L'Inspecteur de diapositives

Il s'agit à présent de créer un lien vers votre blog.

AJOUTER UN LIEN HYPERTEXTE

Un lien hypertexte correspond à une adresse Internet. Il est représenté sous la forme d'un texte souligné. Pour ajouter un lien hypertexte, procédez comme suit :

1/ Dans le navigateur de diapositives, cliquez sur la diapositive 1. Cliquez dans le deuxième cadre après *2010*, puis appuyez sur la touche [Entrée] pour passer à la ligne suivante.

2/ Saisissez `www.lenomdevotresite.fr`.

3/ Sélectionnez ce texte. Dans la barre d'outils, cliquez sur l'icône *Inspecteur* puis sur le bouton **Inspecteur de liens**. Cochez l'option *Activer comme lien*. Dans le champ *Afficher*, saisissez le nom que vous souhaitez voir au lieu du nom de votre site. Appuyez sur la touche [Entrée] pour valider la saisie.

L'Inspecteur de liens

Dans le navigateur de diapositives, cliquez sur la troisième diapositive. Vous allez améliorer l'aspect d'une image.

UTILISER LA PALETTE AJUSTER L'IMAGE

Tout comme Pages et Numbers, Keynote vous donne la possibilité d'améliorer la qualité de l'image.

1/ Dans le menu **Présentation**, sélectionnez la commande **Afficher Ajuster l'image**.

2/ Dans la palette qui s'affiche, ajustez les différents paramètres proposés. Cliquez sur le bouton **Améliorer** pour les appliquer à l'image.

Votre prochaine tâche consiste à placer l'image dans un cadre personnalisé.

AJOUTER UN CADRE

Ajouter un cadre permet d'améliorer l'apparence d'une image. Pour appliquer un cadre à une image, procédez comme suit :

1/ Cliquez sur l'image de la troisième diapositive pour la sélectionner. Dans la barre d'outils, cliquez sur l'icône *Inspecteur* puis sur le bouton **Inspecteur de graphismes**.

2/ Cliquez sur le cadre situé en dessous du menu *Trait*. Dans la liste qui s'affiche, sélectionnez un des cadres. Il s'applique automatiquement à l'image. Cochez l'option *Ombre*. Ajustez les différents paramètres correspondants.

L'Inspecteur de graphismes

Les images importées peuvent être optimisées. Cela signifie que vous pouvez réduire leur taille afin que la présentation se charge plus rapidement, ce qui peut-être utile si vous devez la transmettre à une tierce personne via un courrier électronique. Tout d'abord, vous devez réaliser ces opérations :

1/ Cliquez sur la septième diapositive. Dans la barre d'outils, cliquez sur le bouton **Nouveau**.

2/ Appliquez à la nouvelle diapositive le modèle *Vierge* via le bouton **Modèles** de la barre d'outils.

3/ Dans le menu **Insertion**, sélectionnez la commande **Choisir**. Dans la fenêtre qui s'affiche, cliquez sur la photo *opt.jpg* puis sur le bouton **Insertion**. Elle s'affiche en taille réelle.

Ensuite, vous allez l'optimiser.

OPTIMISER UNE IMAGE

Optimiser une image consiste à réduire sa taille, pour faciliter son envoi par Internet par exemple.

1/ Cliquez sur l'image en question. Ouvrez l'Inspecteur de mesures.

2/ Dans la section *Taille*, entrez la valeur 526 px dans le champ *Largeur*. Assurez-vous que l'option *Conserver les proportions* est bien cochée. Cela évite que l'image soit déformée lors de son redimensionnement.

L'Inspecteur de mesures

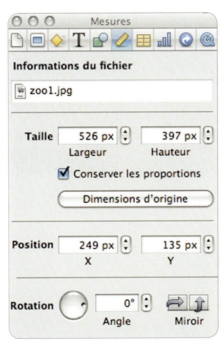

3/ Réduisez son poids en utilisant l'une des deux méthodes suivantes :

➡ Cliquez du bouton droit sur l'image. Dans le menu qui s'affiche, sélectionnez la commande **Réduire la taille du fichier image**.

➡ Dans le menu **Format**, choisissez les commandes **Image/Réduire la taille du fichier image**.

4/ Un message s'affiche vous indiquant la nouvelle taille du fichier. Cliquez sur le bouton **Réduire** pour confirmer l'opération.

À présent, vous allez ajouter une figure sur les deux premières diapositives.

MANIPULER LES FIGURES

Les figures sont des dessins destinés à mettre l'accent sur une
information dans une diapositive.

1/ Dessinez une figure en utilisant l'une des deux méthodes :

> ➡ Dans la barre d'outils, cliquez sur le bouton **Figure**. Dans la liste qui s'affiche, choisissez la première figure.

> ➡ Dans le menu **Insertion**, sélectionnez les commandes **Figure** et **Ligne**.

2/ Faites pivoter la ligne afin qu'elle soit située dans le sens horizontal. Faites glisser l'extrémité vers la droite pour l'agrandir.

3/ Dans la barre des formats, cliquez sur le menu *Trait* pour choisir un autre style de trait. Dans le menu *Taille*, choisissez la valeur *9* px.

4/ Cliquez sur le cadre de la couleur de la ligne. Dans le panneau qui s'affiche, sélectionnez une couleur bleutée.

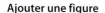

Ajouter une figure

5/ Cliquez dessus du bouton droit. Dans le menu qui s'ouvre, choisissez la commande **Copier**.

6/ Dans le navigateur de diapositives, cliquez sur la deuxième diapositive. Dans le menu **Edition**, sélectionnez la commande **Coller**.

7/ Modifiez la couleur de la deuxième ligne. Pour cela, ouvrez l'Inspecteur de graphismes. Cliquez sur le cadre de couleur puis choisissez du rouge.

Votre prochaine tâche consiste à créer une composition intelligente.

CRÉER UNE COMPOSITION

Une composition est une animation au sein d'une diapositive. Pour créer une composition, suivez ces étapes :

1/   Ajoutez une diapositive après la sixième via le bouton **Nouveau**. Dans la barre d'outils, cliquez sur le bouton **Modèles**.

2/   Dans la liste qui s'affiche, choisissez le modèle *Vierge*. Allez dans le menu **Insertion**. Sélectionnez **Composition intelligente** puis le modèle **Quadrillage**.

Il s'agit maintenant d'importer les images et de créer l'animation.

● Créer l'animation des images

Animer des images permet de rendre une présentation plus dynamique.

1/   Dans la barre d'outils, cliquez sur le bouton **Données multimédias**. Faites glisser dans chaque emplacement les images *oiseaux1.jpg*, *oiseaux2.jpg*, *oiseaux3.jpg* et *oiseaux4.jpg*.

2/   Une palette flottante s'affiche. Cochez l'option *Mettre les images à la même échelle*. Elles auront ainsi la même dimension.

**Les options
de composition**

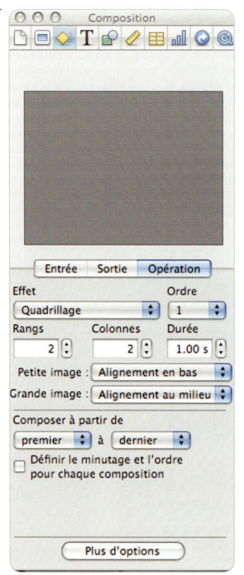

3/ Dans la barre d'outils, cliquez sur l'icône *Inspecteur* puis sur le bouton **Inspecteur de compositions**. Il est composé de trois onglets. Cliquez sur l'onglet **Opération**. Il contient une série d'options.

4/ Dans le champ *Durée*, indiquez le temps de l'animation. Entrez la valeur de 1.00 s.

Il s'agit maintenant de définir l'animation en entrée et en sortie.

● Définir une animation d'entrée

L'animation d'entrée correspond à l'animation de l'image lorsqu'elle s'affichera la première fois.

1/ Cliquez sur l'onglet **Entrée**.

L'onglet Entrée

2/ Dans le menu *Effet*, choisissez *Scintillement*. Vous spécifiez ainsi la manière dont les images entreront dans la diapositive. Dans le menu *Direction*, sélectionnez de gauche à droite.

Passez à l'animation de sortie.

● Définir une animation de sortie

L'animation de sortie représente l'animation de l'image lorsque la présentation passera à l'image suivante.

1/ Cliquez sur l'onglet **Sortie**.

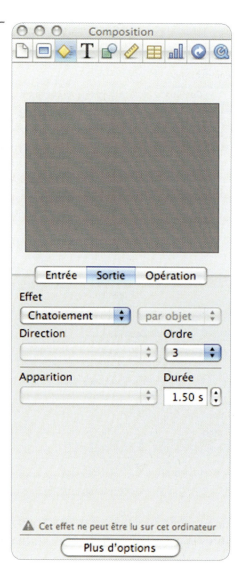

2/ Dans le menu *Effet*, sélectionnez *Chatoiement*. Cet effet précise la manière dont les images sortiront de la diapositive.

Pour finir cette composition, cliquez de nouveau sur l'onglet **Opération** afin de la personnaliser.

● Définir une opération

Définir une opération consiste à spécifier les paramètres de l'animation générale.

1/ Si vous souhaitez importer d'autres images dans l'animation, vous pouvez ajouter des colonnes et des rangs. Dans les menus *Petite image* et *Grande image*, choisissez un alignement.

2/ Cliquez sur le bouton **Plus d'options**. Un panneau s'ouvre. Il affiche l'ordre des diapositives de votre animation.

L'ordre
des diapositives

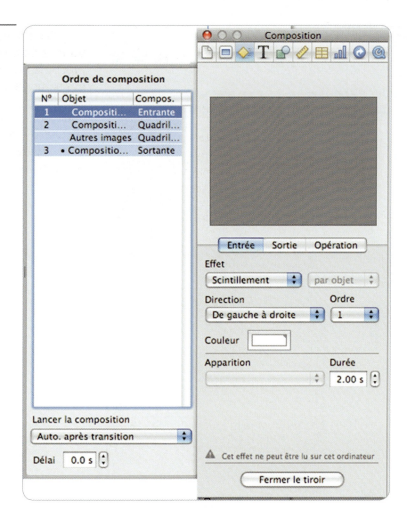

3/ Dans le menu *Lancer la composition*, choisissez *Auto. après composition préc.* afin que l'animation débute automatiquement après la précédente diapositive. Recommencez l'opération pour chacune des compositions.

Dans la prochaine section, vous allez copier une image puis la placer à la même position sur l'axe Y.

UTILISER L'INSPECTEUR DE MESURES

L'Inspecteur de mesures est une sous-fenêtre de l'Inspecteur. Il permet de positionner un élément dans une diapositive.

1/ Dans le navigateur de diapositives, cliquez sur la première diapositive. Dans la barre d'outils, cliquez sur le bouton **Données multimédias**. Faites glisser l'image *metamorphose.jpg* au-dessus du texte *Ma galerie*. Des guides affichent sa position lors de son déplacement. Affichez l'Inspecteur de mesures. Dans la section *Position*, la valeur de *Y* doit être de 121 px.

2/ Cliquez du bouton droit sur l'image. Dans le menu qui s'affiche, choisissez la commande **Copier**. Ou bien utilisez le raccourci clavier ⌘+C. Dans le navigateur de diapositives, cliquez sur la deuxième diapositive.

3/ Cliquez du bouton droit sur un emplacement vide. Dans le menu qui s'ouvre, choisissez la commande **Coller**. Ou bien utilisez le raccourci clavier ⌘+V. Faites glisser la photo à droite de *Sommaire*. Afin que l'effet Métamorphose fonctionne, vous ne devez pas placer cette image et la précédente au même endroit sur la diapositive. Dans l'Inspecteur de mesures, indiquez dans le champ *Y* de la section *Position*, la valeur `121 px`.

L'Inspecteur
de mesures

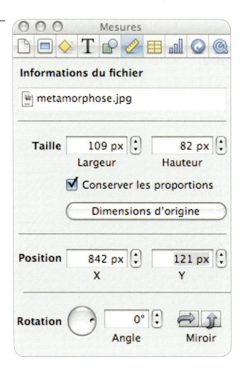

Une fois que les deux images sont placées, vous allez leur appliquer l'effet Métamorphose.

APPLIQUER L'EFFET MÉTAMORPHOSE

L'effet Métamorphose est une animation proposée par Keynote. **Pour appliquer un effet Métamorphose, procédez comme suit :**

1/ Revenez sur la première diapositive. Affichez l'Inspecteur de diapositives. Cliquez sur l'onglet **Transition**.

2/ Dans le menu *Effet*, sélectionnez *Métamorphose*. Dans le menu *Commencer la transition*, choisissez *Automatiquement*.

Il s'agit maintenant d'ajouter un graphique Numbers. Avant cela, vous devez réaliser les opérations suivantes :

1/ Dans le navigateur de diapositives, cliquez du bouton droit sur la dernière diapositive.

2/ Dans le menu qui s'affiche, choisissez la commande **Nouvelle diapositive**.

À l'étape suivante, vous allez importer un graphique créé dans Numbers.

IMPORTER UN GRAPHIQUE NUMBERS

Importer un graphique Numbers consiste à le placer dans Keynote.

1/ Ouvrez le fichier *graphique.numbers*.

2/ Copiez le graphique en utilisant l'une des méthodes suivantes :

➡ Cliquez du bouton droit sur le graphique. Dans le menu qui s'affiche, choisissez la commande **Copier**.

➡ Dans le menu **Edition**, sélectionnez la commande **Copier**.

3/ Retournez dans votre présentation. Allez sur la dernière diapositive.

4/ Collez le graphique en suivant l'une de ces méthodes :

➡ Cliquez du bouton droit sur la diapositive. Dans le menu qui s'affiche, sélectionnez la commande **Coller**.

➡ Dans le menu **Edition**, sélectionnez la commande **Coller**.

N'appliquez pas la commande **Coller et appliquer le style**. Elle ne fonctionne pas correctement lors de l'importation de graphique dans Keynote. Le style que vous avez attribué au graphique ne serait pas respecté.

● Mettre à jour un graphique lié

Le graphique s'affiche avec un lien vers le fichier original. Lorsque vous modifierez votre tableau dans Numbers, le graphique sera mis à jour, comme celui dans Keynote.

1/ Dans le tableau, modifiez l'un des chiffres. Le graphique est automatiquement mis à jour. Sauvegardez votre feuille de calcul en utilisant le raccourci clavier ⌘+Ⓢ.

2/ Retournez dans Keynote. Cliquez sur le graphique. La source du lien s'affiche. Mettez à jour votre graphique. Pour cela, cliquez sur le symbole situé en regard de *Source : espèces*. Le graphique se met automatiquement à jour.

Le graphique lié

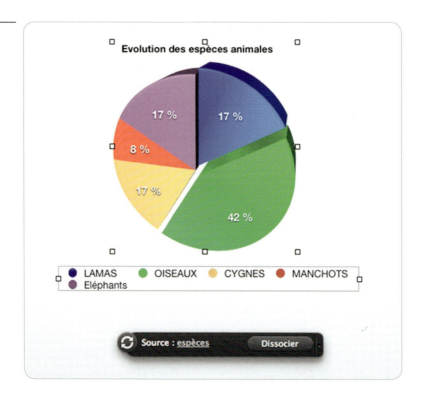

Pour enlever le lien vers le graphique dans Numbers, cliquez sur le bouton **Dissocier**. Si vous ne souhaitez pas réaliser votre graphique dans Numbers, Keynote possède aussi une fonction de création de graphiques.

AJOUTER UN GRAPHIQUE

Un graphique permet de dynamiser une présentation.

1/ Ajoutez une nouvelle diapositive. Insérez un graphique en utilisant l'une des deux métho-des suivantes :

➡ Dans la barre d'outils, cliquez sur le bouton **Graphique**. Dans la liste qui s'affiche, choi-sissez le graphique à barres.

➡ Dans le menu **Insertion**, sélectionnez les commandes **Graphique/Barres**.

Il s'agit maintenant d'entrer vos données dans l'éditeur de graphiques.

● Saisir des données

L'éditeur de graphiques permet de saisir les données qui devront figurer sur le graphique. Pour remplacer les données fictives, procédez comme suit :

1/ Remplacez les libellés *Région 1* et *Région 2* par les textes `Lamas` et `Oiseaux`. En dessous d'*Oiseaux*, entrez les textes `Cygnes`, `Manchots` et `Eléphants`.

2/ Supprimez les colonnes *2007* et *2010* : cliquez sur leur libellé puis appuyez sur la touche `Suppr`.

3/ Pour 2008, entrez les chiffres 4, 20, 15, 6 et 2. Pour 2009, saisissez les chiffres 6, 32, 30, 6 et 2.

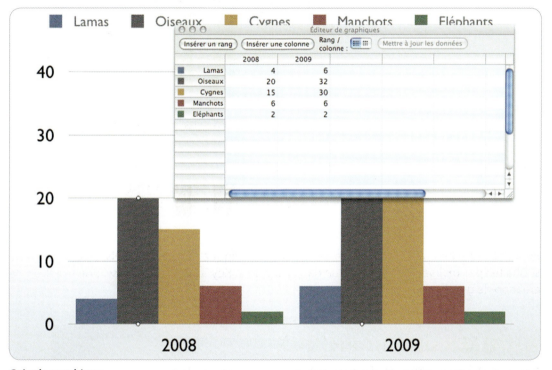

Créer le graphique

Une fois le graphique en place, vous allez modifier son apparence.

Mettre en forme un graphique

Mettre en forme le graphique permet de le rendre plus intéressant.

1/ Réduisez sa taille. Pour cela, cliquez dessus pour le sélectionner. Faites glisser l'une des poignées de son cadre de sélection en diagonale vers le haut.

2/ Ouvrez l'Inspecteur de graphiques puis cliquez sur l'onglet **Graphique**. Cochez l'option *Afficher le titre*. Saisissez le texte `Achat des espèces`.

3/   Cliquez sur le bouton **Couleurs du graphique**. Dans le panneau *Couleurs du graphique*, choisissez *Divertissement* dans le deuxième menu. Appuyez sur le bouton **Tout appliquer**.

4/   Dans le menu *Ombre*, sélectionnez l'option *Individuelle* afin d'appliquer une ombre à chacune des barres. Dans la section *Format de la barre*, spécifiez `20 %` dans le champ *Espace entre les barres* et `40 %` dans le champ *Espace entre les séries*.

Mettre en forme le graphique

Après avoir terminé votre présentation, votre prochaine tâche consiste à enregistrer la présentation.

ENREGISTRER UNE PRÉSENTATION

Enregistrer une présentation permet d'en conserver une copie sur le disque dur pour la modifier ultérieurement en cas de besoin. Pour sauvegarder la présentation, suivez ces étapes :

1/   Dans le menu **Fichier**, sélectionnez la commande **Enregistrer sous** ou **Enregistrer**. Une fenêtre s'affiche. Dans le champ *Enregistrer sous*, saisissez le texte `ma_galerie`.

Enregistrer une présentation

2/ Cliquez sur la flèche située à droite de ce champ pour accéder aux options d'enregistrement.

3/ Sélectionnez un dossier dans lequel sera enregistrée votre présentation ou créez un dossier via le bouton **Nouveau dossier**.

4/ Cochez l'option *Inclure l'aperçu dans le document*. Cliquez sur le bouton **Enregistrer**.

CPI
Aubin Imprimeur

Achevé d'imprimer en novembre 2009
N° d'impression L 73360
Dépôt légal, novembre 2009
Imprimé en France